分子生物学者、
小学校長になる！

朝礼と学校だよりで伝えたかったこと

飯田秀利

GTP 東京学芸大学出版会

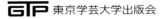

まえがき

小書が本の形で出版されることになったのは、著者が４年間校長として勤務した東京学芸大学附属小金井小学校の児童と保護者の方々の有形無形の応援があったからです。先ず第一にお礼を申し上げます。

小書は、同校の朝礼、卒業式、保護者への通信誌、職員会議、教育実習生就任式などで私が話したことあるいは書いたことをまとめたものです。これらは、小学校のホームページの「校長だより」に、その都度掲示していました。

私は大学では分子生物学が専門であり、教育学は専門ではありません。お読みになるとおわかりになると思いますが、いかにも教育学の素人が書いた内容だと感じるのではないでしょうか。それでも私の耳に届く限り、児童と保護者の方々はその内容を支持してくださいました。また、大学教員からは、教育学が専門ではないのによく教育的なことが書けますねと言われました。

しかし、本来、教育に関しては誰もが専門家だと思います。なぜなら、学校での教育だけでなく、世の中の多くの人が、家庭では親として子どもを教育し、職場では先輩として後輩を教育します。教育は誰もがしていることです。ここで、どの教育にも共通した大切なものがあると私は思います。

それは教育の対象者に対する愛だと思います。教育における愛は、敬意、親切、誠実、優しさ、丁寧さ、温かさ、寛容という形で現れます。私が拙い話をする時、拙い文章を書く時、いつも意識していたのは子どもたちへの愛だけでした。口はばったい言い方ですが、児童と保護者の方々が支持してくださったのは、それを感じてくださったからだと感謝の気持ちとともに受け止めています。

最後に、小書を刊行するにあたり、東京学芸大学附属小金井小学校教職員の皆様、東京学芸大学出版会編集委員会の皆様、同委員長の佐藤正光教授、および同出版会編集者の生田稚佳氏にお礼を申し上げます。

２０１５年2月

飯田秀利

目次

2章　保護者へのメッセージ　77

1章

小学生へのメッセージ

笑顔と宇宙飛行士

おはようございます。今日の朝礼では笑顔の大切さについてお話をします。9月の学校全体の「今月のめあて」は「笑顔であいさつしよう」でしたね。そこで、私は皆さんのあいさつの時の表情を見ていました。そうしましたら、だいたい四人に一人の割合で笑顔であいさつしていました。この割合は少ないと思う人もいるかもしれませんが、日本人としては高い割合だと思います。ですから、かなりの人はりっぱだと私は思います。大人の場合その割合はもう少し低くなります。特に男性の大人では低いです。これは残念ではありますが、仕方のない面もあります。なぜなら、あまり親しくない人にも笑顔であいさつするというのは日本人の習慣にないからです。

一方、アメリカでは多くの人が全く知らない人にも笑顔であいさつします。なぜでしょうか。その理由は次のようなものです。アメリカにはさまざまな民族、人種が住んでいます。ですから、言葉が通じないことがあります。そうしますと誤解による思わぬ争いが起きるかもしれません。しかし、笑顔は言葉が通じなくてもこちらの友好的な気持ちを伝えることができます。笑顔は「私はあなたの敵ではないですよ。私はあなたと仲良くしたいですよ。」というメッセージなのです。ここにいる皆さんは、これから日本が世界と益々多く交流する時代に大人になります。ですから、子どものうちに笑顔であいさつする習慣を身につけてはいかがでしょうか。笑顔は他人と仲良くすることに役立ち、周りを平和な雰囲気にすることができます。しかも、自分にとっても良いことがあります。どんな良いことがあるでしょうか。その例を一つ紹介しましょう。

世界で最初に宇宙に行った人は誰だか知っていますか。今のロシアという国のガガーリンです。彼がなぜ最初の宇宙飛行士になれたかというと、笑顔のお陰なのです。宇宙飛行士が募集された時、広いロシアの国中から優秀なパイロットがたくさん集まりました。そしていろいろなテストで最後まで残ったのは、ガガーリンともう一人のパイロットの二人だけでした。最初、もう一人の人が選ばれました。体重がガガーリンよりも軽かったからです。ところが、選ぶ立場の責任者が、どたん場でガガーリンに替えました。その理由は、ガガーリンはいつも笑顔だったので、宇宙というまだ誰も知らない所で予想できないことが起こっても、緊張せずにリラックスして問題を解決できるだろうとその責任者が考えたからです。

皆さんもいつも笑顔でいると、周りの人を明るくできるだけでなく、自分でも気づかないうちに良いことが起こるかもしれません。

２０１０年11月8日の朝礼の要約

中学校での友だちの作り方

皆さんは今この附属小金井小学校をさまざまな思い出とともに飛び立とうとしています。その飛び立つ先には中学校があります。きっと希望に胸をふくらませていることでしょう。

一方で、皆さんは子どもから大人に脱皮しようとしています。中学生は社会的に大人とは言えませんが、体と心は大人に近くなります。したがって、保護者や先生から子ども扱いをされると、皆さんはかなり不満に思います。ただ、これは自然なことです。

ところで、中学生になると友だちが今までよりももっと大事に思えてきます。これも自然なことです。中学生にとって友だちが大事ということは、皆さんの将来を考えた時、良い友だちを作ることが大事だということを意味します。では、どのようにして良い友だちを作れば良いでしょうか。その秘訣は簡単です。良い友だちを求める前に、まず相手にとって自分が良い友だちになろうとすることです。

では、良い友だちとはどんな友だちでしょうか？　この答えは、自分が友だちに求めていることを考えれば思いつきます。すなわち、謙遜で、思いやりがあり、親切で、明るく、誠実な人です。

先ず自分からそのようになれば、きっと良い友だちが得られることでしょう。でも、そのようにすることは、一見簡単なようでいて実はとてもむずかしいことです。ですから、どうか努力してそのような人になって下さい。中学時代に生涯の友を得ることは幸せなことです。私は皆さんの幸せな人生を祈っています。

平成22年度卒業記念文集「虹のキセキ　～未来に向けてはばたこう～」
（2011年3月17日発行）より

二つの恐ろしいもの

おはようございます。今日は5月9日です。あの怖かった東日本大震災が起きてからほぼ2ヶ月が経ちました。その東日本大震災が起きてから、今でも二つの恐ろしいものが世の中に広がっています。今日の朝礼ではそのお話をします。その二つとは何かわかりますか？

一つは、放射性物質です。東日本大震災で、福島県にある福島第一原子力発電所という所から、放射性物質が漏れました。このことは皆さんも知っていると思います。放射線はたくさん浴びると危険です。ですから、原子力発電所から20㎞以内の人たちは避難をしなければなりませんでした。一方、幸いなことに、福島第一原子力発電所から遠く離れている東京やお隣の千葉県では、放射線が危険なレベルまで高くなりませんでしたので、避難することはなく普段通りの生活をしても大丈夫でした。そして今も大丈夫です。

ここで、放射線は私たちにどんな害を与えるかちょっと考えてみましょう。実は、放射線が当たると、私たちの体の中のＤＮＡという大切なものが傷つけられます。しかし、私たちの体にはその傷を治す仕組みがあり、その傷を治してしまいます。ですから、少しの放射線に当たっても、私たちは病気になりません。その証拠に、私たちは今でも宇宙からの放射線を浴びていますし、胸のレントゲンを撮る時にも放射線を浴びますが、病気にはなりません。大切なことは、どれくらいの放射線量ならば安全で、どれくらいの放射線量では危険かを冷静に判断することです。皆さんは小学生なのでまだその判断は難しいかも知れませんが、お湯を例に考えるとわかり易いかもしれません。100℃でぐらぐら煮立っているお湯は危険ですね。かかるとやけどをしてしまいます。場合によっては死ぬかもしれません。しかし、同じお湯でもお風呂のお湯は危険ですか？　40℃くらいなので安全ですね。このように一口にお湯と言っても、危険なお湯もあればば安全なお湯もあります。放射線も考えた方はお湯と同じです。ただ、お湯はどれくらいの温度が安全でどれくらいの温度が危険かを、私たちは経験から良くわかっています。だから安心していられるのですね。しかし、放射線については経験がないので判断をできないのです。だから心配になるのですね。放射線のことが気になる人は、放射線のことが良くわかっている大人に聞いて下さい。私たち教員は皆さんの安全を第一に考えています。ですから、どうか安心して学校生活を送ってください。

二つ目の恐ろしいものとは何かわかりますか？ ……それはうわさです。大震災のような災害が起こると、大人でも根も葉もないうわさを信じたり、うわさを広めたりしてしまいます。そのうわさのために困ったことが起きています。たとえば、放射性物質を持っていないのにただ福島県産の野菜だからと言って買わなかったり、福島県から来た人を危ないと言って差別したりすることです。こういうことは良くありませんね。放射線は計れば安全かどうか科学的にわかりますが、うわさは広まり易く、しかも計ることができないので、恐ろしいのです。皆さんは、大人になった時にそのようなうわさに惑わされない人になって下さいね。毎日勉強をするということは、単に読み書きや計算ができるようになるというのではなく、正しい判断力を身につけるために勉強をするのです。そのような気持ちを持って、しっかりと勉強をして下さい。

最後にもう一度言います。私たち教員は皆さんの安全を第一に考えています。ですから、どうか安心して学校生活を送ってください。

2011年5月9日の朝礼の要約

自分で考えてする

おはようございます。そして、今年初めて会いますので、あけましておめでとうございます。冬休みは楽しく過ごしましたか?

今日は三学期の初めであり、同時に一年の初めの日ですので、私から皆さんに努力してほしい四つのことをお話ししたいと思います。

一つ目は、良く勉強することです。

二つ目は、音楽や図画工作などで、美しいものを作ることです。

三つ目は、良く運動して体を鍛えることです。

四つ目は、友だちと仲良くすることです。

これを聞きますと、「なぁーんだ、いつも言われていることと同じじゃないか」と思うかもしれません。しかし、肝心なことは、この四つのことを、先生や保護者に言われてからするのではなく、自分できちんとしようと考えてすることです。言い換えれば、自分で考えて自分で実行することです。人に言われてからするのではなく、自分で考えてするということが大切です。どうですか？できますか？　結構難しいですよ。大人だって簡単ではありません。しかし皆さんは、本校で学ぶ児童として自信をもって、この四つのことをしっかり行ってください。よろしいですね。

3学期の始業式の要約（2012年1月11日）

褒めることと懲らしめること

おはようございます。今日は「ほめることとこらしめること」についてお話しします。

私はこれまでの朝礼で皆さんの良い所をたくさんほめてきました。ほめて育てることは学校教育の基本です。ですから、私は皆さんに良い所はないか、良い所はないかと探してでもほめようとしてきました。幸いに、積極的に探さなくても皆さんには良い所がたくさんありますので、ほめることに苦労をしたことはありません。

ほめられることは誰でもうれしいですね。ほめられると更にやる気が出てきます。ところが、もしせっかく良いことをしたのに誰からもほめられなかったら、皆さんはどんな気持ちになりますか？　中には何か残念なような損をしたような気持ちになる人もいるのではないでしょうか。もしそのような気持ちが湧いてきたら、「心に貯金をしたのだ」と思うと良いでしょう。人はこの貯金が多ければ多いほど心が豊かになります。ですから、良いことをしてたとえ誰からもほめられなくても、良いことをし続けましょう。そしてこの貯金の多い人、つまり心の豊かな人になってくださいね。

一方、大人が子どもをこらしめることも必要な時があります。学校と社会のルールに違反することを、何度注意されても止めない人がいた時、学校は道理にかなった態度で子どもをこらしめることもしなければなりません。こらしめと言っても怖がらなくてもいいですよ。学校は裁判所ではありませんので、人を罰することはしません。その代わり、違反をやめようとしない子どもを呼んで、わかるまで諭します。これが学校のこらしめです。裁判所が大人をこらしめるやり方とだいぶ違いますね。

こらしめと言えば、職員会議などで聞いたのですが、下校する途中、歩道や乗り物の中で周りの人に迷惑をかける人がいるそうです。しかも、そのような人の中には下校観察の保護者の方が注意をしても直さない人もいるそうです。もしこういう態度を取り続けるならば、こらしめが必要ですね。皆さんはまだ子どもですので、ルールに違反することをしてしまうのは仕方のないことです。ただし、一回だけです。一度注意されたら二度と同じ違反をしてはいけません。ルールを守って、誰からも良い子だなと思われる人になってくださいね。

２０１２年１月23日の朝礼の要約

中学校で何が大切か　～卒業生への言葉～

皆さんはこの附属小金井小学校をさまざまな思い出とともに飛び立ちます。その飛び立つ先は中学校です。きっと大きな希望とともにちょっと不安もあるかもしれません。

中学校で大切なのは、勉強ばかりではありません。第一に、一生懸命勉強した後、大人になって何をしたいかを考えることが大切です。それを考えるためには、ただ学校のことを考えるだけでなく、世の中に起っていることにも関心を寄せる必要があります。そうするには、家庭で保護者の方と団らんの中で、いろいろなことを何気なく話すことが大いに役立ちます。

第二に、良い友だちを作ることが、中学生にとって大切です。皆さんは、今まさに子どもから大人になろうと大きく変化しています。中学時代はその変化のまっただ中にいることになります。その時に保護者の影響を受けつつも、友だちの影響も受けます。時には友だちが最も大切な存在に思えることもあります。したがって、中学時代に良い友だちを作ることがとても大切です。良い友だちを作るカギは、あなた自身にあります。つまり、まず自分が他人に取って良い友だちであろうとすることです。私が朝礼で何度か言いましたように、自分がしてほしいと思うことを他人にし、自分がして欲しくないことを他人には絶対にしないようにすれば、必ず良い友だちが得られるでしょう。中学時代の友だちは一生の宝です。

皆さんの幸せな人生を祈ります。

平成23年度卒業記念文集「絆～終わりなき友情～」
（2012年3月31日発行）より

6年後の子どもの姿

1年生の皆さんこんにちは。おにいさん、おねえさんの歌や劇は楽しかったですか？（楽しかったという大きな声の返事）それは良かったですね。保護者の皆様、今日はこの迎える会にお越しくださいましてありがとうございました。楽しんでいただけたでしょうか？（後方で手を挙げてくださった方々を見つつ）ありがとうございます。楽しんでいただけてとてもうれしく思います。

おにいさんやおねえさんたち、そして先生方は、1年生をお迎えできてとてもうれしく思っています。これから6年間この学校でたくさん勉強し、たくさん運動してくださいね。私たちはそのお手伝いをします。そして6年後はりっぱになって卒業してください。

実際、卒業する時はどれほど成長しているのでしょうか？　その成長を知る良い例がここにあります。つい一ヶ月前に卒業した人たちが卒業式の日に私に手紙をくださいました。その手紙の一つの一部を読みますね。「入学してからあっという間に6年間が過ぎ、もう卒業をむかえる時期となりました。私達はこの小学校でたくさんのことを学び、たくさん成長しました。遠泳や組体操、高学年スポーツ大会、先生とのスポーツ大会。いろいろな行事の中で、仲間と協力し、助けあうこと、信じあうことの大切さやあきらめないことの大切さを学ぶことができました。」と書いてあります。すばらしいですね。このお手紙の内容もすばらしいですが、それと同じようにすばらしいのは、この手紙を先生に書くように言われて書いたのではなくて、自分で書きたくて書いたことです。

1年生の皆さん、皆さんもきっとこのような思いを持てるようになると思います。この学校で、楽しく勉強し、たくさん運動して、お友だちと仲良く過ごしてください。

1年生を迎える会　2〜6年生による歓迎のあいさつ、歌、寸劇が終わった後のあいさつ

（2012年4月28日）

すうこうな人

おはようございます。今日の朝礼ではすうこうな人についてお話しします。すうこうな人とはどんな人でしょうか。今日の私の話を最後まで聞けばそれがわかります。

先日、４年生と5年生は長野県茅野市郊外の山の中にある一宇荘で、林間学校に参加してきました。本校ではこの学校のことを一宇荘生活と呼んでいます。一宇荘生活では豊かな自然に親しみ、自然を学び、体を鍛えます。そして、それに加えて皆で共同生活を営むことを通して心を鍛えます。

私は一宇荘での4年生と5年生の生活を見ていて、参加した子どもたちはみごとに心を鍛えたと、感心しました。つまり、保護者がいなくても自分のことは自分でやり、規則を守り、わがままな気持ちを抑えてみんなで一緒に仲良く協力しようと努力したと思います。そのように鍛えられた心で、この学校の中でも、学校の行き帰りでも、きちんと生活できると良いですね。私は皆さんがそのようにできると信じています。

ただ、時期的にここで少し注意をしておいた方が良いことがあります。今日は6月12日です。新しい学年になり、新しいクラスができて二ヶ月が過ぎました。多くの人は新しいクラスメートとも仲良く、楽しく学校生活を送っています。すばらしいことです。ただ、毎年この時期になりますと、中には緊張が解けてクラスメートとけんかをしてしまう人も出てきます。けんかの原因は何でしょうか。主な原因の一つは、ちょっとした悪口や陰口を言ったり書いたりすることです。悪口や陰口は人の心をひどく傷つけます。絶対に人の悪口や陰口を言ってはいけません。

ところで、皆さんは子どもですので、大人になったら自然に悪口や陰口を言わない人になれると思っている人も多いと思います。しかし、そのようなことは絶対にありません。大人でもそのような悪いことを簡単にしてしまいます。子どもでも大人でも、悪口を言わない人になろうと努力して初めて、悪口を言わない人になれるのです。

では、もし悪口を言われたらどうすれば良いですか。一番良い方法は悪口を無視することです。つまり気にしないことです。決して仕返しをしてはいけません。悪口を言われてつらい気持ちになり、耐えきれなくなりそうになった時は、自分を信じてくれている人の顔を思い浮かべると良いと思います。そのような人がたとえたった一人であっても、すばらしいことです。気持ちが落ち着くでしょう。悪口に怒らない心、悪口を言った人を許す心を持っている人は、トラブルを穏やかに避けることができる人ですので、とてもすうこう（崇高）な人です。言い換えれば、とても立派な人です。皆さんは、子どもの時から努力してそのような崇高な人になってください。そのような人になることは決して簡単ではありませんが、私は皆さんを信じます。

２０１２年６月12日の朝礼の要約

山中教授のノーベル賞受賞の理由

おはようございます。今日は10月23日です。三日前の運動会は本当にすばらしかったですね。皆さんはどんなところがすばらしかったと思いますか？　私は、皆さんがかけっこやリレーで全力を出してがんばったこと、おどりやダンスで良く準備をして本番で見事に演じたこと、組み体操で上の人は下の人を、下の人は上の人を互いに気遣いながら演技したこと、係の人が自分の役目をきちんと果たしたことなどがすばらしかったと思います。運動会での経験を、是非これからの学校生活に活かしてください。

これからの学校生活と言えば、楽しかった運動会のことは胸の中に大切にしまって、学校での勉強に気持ちを切り替えなければなりません。言い換えれば、気持ちのスイッチを切り替える必要があります。今日の朝礼では、その切り替えにぴったりな話題をお話しします。

それは山中伸弥教授のノーベル賞受賞の話です。このニュースは皆さんも良く知っていると思いますが、ノーベル賞受賞の理由を知っていますか。山中教授自身が、「まだ一人の患者さんも救っていない」という意味のことをおっしゃっています。それなのになぜ受賞できたのでしょうか。その答えは次のようなものです。

まず予備知識として細胞のことをお話しします。私たちの体を作っているものに細胞があります。細胞は、１㎜の百分の一くらいの大きさで、人では10～100兆個もあり、体のさまざまな所を作っています。たとえば、目も、皮膚も、筋肉も、脳も、みんな細胞でできています。そこでは、細胞の形も大きさも違います。そして、それぞれの場所でその場所にふさわしい仕事をしています。でも、最初はたった1個の受精卵という細胞でした。この最初の細胞は目や皮膚や筋肉など、何にでも変われる能力をもっています。この能力のことを「分化全能性」と呼びます。ちょっとむずかしい言葉ですが、この際覚えてしまいましょう。もう一度言います。分化全能性。覚えましたか。この受精卵が細胞分裂して、１個が2個、２個が4個、４個が8個というように増えて行き、やがて目や皮膚などの細胞に変わっていきます。この変わることを「分化」と言います。

世界中の科学者たちは、分化全能性をもっているのは受精卵と分裂直後の特殊な細胞だけであって、目や皮膚などに変わってしまった細胞は、いろいろな種類の細胞に変われる能力、つまり分化全能性を失っていると長い間考えてきました。しかし、山中教授は、人の皮膚の細胞にたった４種類の遺伝子を入れただけで、分化全能性に近い能力をもたせることに成功しました。この能力をもった細胞が、皆さんも聞いたことのあるｉＰＳ細胞ですね。この成功は私たちの細胞に対する常識を破りました。このことは、まだ人の治療に役立っていなくても、生物学的にとても大きな意味のある発見です。ですから、山中教授はノーベル賞を受賞したのです。

ところで、今までの話は私たち人を含めた動物の話でしたが、植物の細胞は分化全能性をもっているでしょうか？　答えはイエスです。植物の細胞はずっと前から分化全能性をもっていることが知られていました。たとえば、根または葉の細胞を適切な条件で育てますと、完全な植物になります。このことを利用して、農業では、たとえばジャガイモやイチゴ、観賞用のランなどを作っています。こうすれば、品質の良い同じものをたくさん作れますね。私たちの身の回りには、このようにして作った野菜やお花がたくさんあるのです。

最後に、また山中教授のお話に戻ります。私が山中教授はりっぱだと思いましたのは、単に科学上の大きな発見をしたからだけではありません。もう一つの理由は、受賞した時の記者会見でとても謙虚な言葉を述べていたことです。態度も謙虚でした。すばらしい人だと思いました。

山中教授はまだ50歳です。少なくともあと20年は現役で研究を続けるでしょう。一方、ここにいる皆さんは6歳から12歳です。早い人であと10年後には大学で研究できる年齢になります。皆さんの中に、10年から20年後に山中教授の研究室で研究する人が出るかもしれませんね。興味のある人は是非チャレンジしてはいかがでしょうか。

２０１２年10月23日の朝礼の要約

Bloom where you're planted

卒業生の皆さん、ご卒業おめでとうございます。心からお祝いを申し上げます。ご来賓の皆様、今日はご多忙のところ本校の卒業式にご臨席を賜りましてありがとうございます。本校を代表して厚くお礼を申し上げます。また、保護者の皆様、お子様のご卒業おめでとうございます。この6年間にはさまざまな喜びや心配があったものと拝察いたします。それだけに、喜びもひとしおかと存じます。

さて、卒業生の皆さん、皆さんとともにまず、今日この場所で無事に卒業式を行えることの幸運を、喜びたいと思います。一昨年は、東日本大震災の直後で、大きな余震の恐れがありましたので、大事をとり、第2食堂で卒業式を行いました。そこは狭いので5年生は参加できず、保護者も一家庭で一人しか参加できませんでした。今日は伝統にのっとった完璧な形の卒業式を行うことができます。

幸運と言えば、卒業生の皆さんはさまざまな幸運が重なって、今日に至っていることに気づき、感謝をしなければなりません。つまり、思慮深く子ども思いの保護者、教育に情熱を持っている教職員、ご来賓を始めとした学校関係者の皆様、それに、友だちです。これらの方々の支えがあったからこそ、皆さんがこうして立派に育ったのです。これらの方々に感謝の気持ちを持つことはとても大切です。その上で、自分自身を褒めてはいかがでしょうか。今述べた方々に支えられつつ、自分自身がより良くなろうと努力をしてきたのです。皆さんは褒められる価値があります。

卒業式に当たって、皆さんに贈る言葉を考えてきました。贈りたい言葉はたくさんあります。感謝、努力、誠実、愛など、挙げたら切りがありません。ここでは、皆さんが中学、高校、大学、会社などで、日々の生活をする時に心の支えになる言葉を贈ります。それは、Bloom where you're planted です。「植えられた場所で花を咲かせなさい」という意味です。この言葉は、古くから欧米で使われている言葉です。最近では、約4年前にアメリカのヒラリー・クリントンさんが国務長官に指名された時に使ったことを覚えています。クリントンさんはオバマさんと大統領選挙で戦いました。そしてオバマさんが大統領に選ばれて、クリントンさんは落選しました。その後、クリントンさんはオバマ大統領から国務長官に指名されました。その時新聞記者から、また大統領選挙に出ますかと質問され、出ません、と答えつつ Bloom where you're planted という言葉に従うと述べたのです。そうして、4年間国務長官を精力的に務め、世界中の多くの人が認める立派な国務長官になりました。

クリントンさんから私たちは学ぶことができます。高校、大学、職場のどこでも、長い人生の中でいつも第一希望どおりになることはまずないでしょう。大切なのは、第二希望、第三希望になった時にどう考え、どう行動するかです。

どうかこれからの人生の節目、節目で、「植えられた場所で花を咲かせなさい」という意味の言葉、Bloom where you're planted を思い出してください。そうすれば、人生をいつも前向きに生きられます。そして幸せになります。私は皆さんの幸せを心から祈っています。

２０１２年度卒業式の式辞（２０１３年３月16日）より

学問に王道なし

このことわざができたきっかけは、およそ２３００年も前のことです。ユークリッドという数学者が、エジプトの王様から図形の学問である幾何学を楽に学べる方法はないのかと聞かれました。ユークリッドは「幾何学に王道なし」と答えたそうです。つまり、学問ができるようになるためには、王様にさえ特別に簡単な近道などはない、ということです。このことわざは、昔も今も通用します。このことわざは、２０００年以上にわたってきっと多くの人を励ましてきたことでしょう。この文集を読んでいる皆さんも、これから中学校、高校、大学、そして社会でたくさん学ぶことがあります。ちょっとなまけたくなった時、このことわざを思い出してはいかがでしょうか。

２０１２年度　卒業記念文集「紡いで心、結んで絆　TiesK」
（２０１３年３月18日発行）より

小学校で子どもがすべきこと、大人がすべきこと

1年生の皆さん、ご入学おめでとう。皆さんは今日から東京学芸大学附属小金井小学校の子どもになりました。これから6年間ずっとそうです。皆さんをお迎えできて私はとてもうれしく思います。

ところで、小学校は何をするところか知っていますか？　誰でも知っていますよね。そうです。勉強をするところです。この学校は優秀な先生ばかりです。きっと皆さんは勉強のできる子に育つと思います。

でも小学校は勉強をするだけですか？　実は、小学校は勉強をするだけではないのです。あと二つ大切なことがあります。それは何でしょうか？　それは丈夫な体を作ること、そしてみんなと仲良くすることです。

丈夫な体をつくるには、良く食べることと運動することが大切です。学校ではお昼に給食があります。これがとても美味しいんです。ただ、アレルギーの人は気をつけなければなりません。でも、食べられる物は何でも好き嫌いなく食べることが大切です。また、授業で体育があり、いろいろな運動をします。これはとても楽しいです。

学校でみんなと仲良くするには、どうすれば良いでしょう。それは、決まりを守ることと思いやりの心を持って助け合うことです。学校にはいろいろな決まりがあります。お友だちといっしょに決まりの守り方を小学校で学びます。そうすることによって、皆さんが大人になった時に、みんなから信頼され、愛される人になります。

今私が言ったことを復習してみましょう。学校は何をする所かというと、三つありましたね。一つ目は勉強すること、二つ目は丈夫な体をつくること、そして三つ目がみんなと仲良くすることです。今日からこの三つをしっかりやっていきましょう。

ところで、保護者の皆様、お子様のご入学おめでとうございます。心からお祝いを申し上げます。ご縁がありここに保護者の皆様もお迎えできましたことは、私たち教職員にとって大きな喜びです。皆様と教職員の豊かな連携によってお子様をりっぱに育てていきたいと考えております。6年間どうかよろしくお願いいたします。また、ご来賓の皆様、ご多忙のところ、本校の入学式にご列席を賜りありがとうございました。心からお礼を申し上げます。

今し方、新1年生に小学校で大切な三つのことをお話ししましたが、実は私たち教職員や保護者、すなわち大人にとっても大切なことが三つあります。その三つのことのキーワードは、それぞれ人格、個性、愛です。

まず一つ目は人格です。1年生は、まだ小さいと言えども一個の人格を持った存在です。この人格を尊重しなければなりません。言い換えれば、私たち大人は子どもたち一人一人に敬意をもって接するべきだと思います。

二つ目は個性です。まだ小さいと言えども既に個性を持っています。私たち大人の大切な役目の一つはこの個性を見出し、伸ばすことです。

三つ目は愛です。私たち大人が子どもたちを指導するとき、学校でも家庭でも、愛に動かされて言葉を発し、愛のこもった態度で接するべきだと思います。

このように、学校でも家庭でも、人格と個性が尊重され、愛されて育てられれば、今日お迎えした1年生は伸び伸びと豊かに成長するものと思います。ここにいらっしゃる大人の皆様には、今私が申し上げたようにしていただけますとたいへん有難く存じます。

最後に、私たち大人は、子どもたちを教育する立場にある訳ですが、同時に子どもたちに教えられる立場にあることを認識しておくことも重要だと思います。つまり、これから子どもの成長とともにいろいろなことに出会うことになりますが、その度ごとに、私たち大人も一緒に成長するものだと思います。この謙虚な気持ちを心の片隅にいつも持っていただけましたら幸いに存じます。

では、1年生の皆さん、これから良く勉強し、丈夫な体を作り、みんなと仲良くして、楽しい小学校生活を送りましょう。これで私のお話は終わりです。今日皆さんはとても行儀良くお話を聞くことができました。私はとても感心しました。もう皆さんはりっぱな1年生です。

２０１３度入学式式辞（２０１３年4月11日）より

リンゴは塩水につけるとなぜ茶色にならないの？

おはようございます。今日は家庭科のお話をします。リンゴを切ると、表面が茶色になってしまいますね。こうなりますと、味には変わりありませんが、ちょっとおいしくなさそうに見えます。皆さんは、リンゴが茶色にならないようにする方法を知っていますか。（たくさんの児童から「塩水につける！」という答がかえってくる）良く知っていますね。とても感心しました。

では、リンゴを塩水につけるとなぜ茶色にならないのでしょうか。とてもふしぎですよね。理由を知っている人はいますか。……だれもいませんね。でも知らなくて当然です。この答えは中学校でも高校でも大学でも教えていません。ですから、大人でも知っている人は非常に少ないのです。

リンゴの食べるところは、細胞と呼ばれる目に見えないほどに小さな袋がぎっしり集まってできています。その袋の中にはさらに小さな袋が入っています。そこにはポリフェノールの一種であるクロロゲン酸が入っています。クロロゲン酸に色はありません。包丁でリンゴを切ると、小さな小さなその袋がやぶれて、クロロゲン酸が出てきてしまいます。そうしますと、クロロゲン酸はその袋の外にあった酸化酵素と出会います。酸化酵素はクロロゲン酸に酸素をくっつけます。そうしますと、酸素をくっつけられたクロロゲン酸は、次々に互いにつながって茶色に変化します。塩はその酸化酵素のはたらきを邪魔します。そのため、クロロゲン酸は酸素を付けられずに済み、茶色にもならないのです。

いかがでしたか。初めて聞く言葉もあったと思いますが、理由は簡単だったでしょう？　今日私は最初に家庭科のお話をすると言いましたが、いつの間にか理科の話になりました。おもしろいですね。実は、台所で何気なく見ていることを、理科の目で見るととてもおもしろい疑問がたくさん湧いてきます。たとえば、次のようなものがあります。

一　卵には白身があります。ただし、生卵を割った時、白身は白くありません。透明です。しかし、熱を加えて目玉焼きやゆで卵にすると、白身は本当に白くなります。それはどうしてですか。

二　バナナとリンゴを冷蔵庫にしまうと、3、4日後に皮が茶色になってしまうのはどちらでしょうか。また、茶色になる理由は何ですか。

三　氷はなぜ水に浮くのですか。

四　水をお鍋に入れて火にかけると、沸とうします。沸とうするとブクブクとお湯の中からガスが出ているように見えます。この出て来るものは何ですか。

このような疑問を考えるのは楽しいことですね。教室での授業では学びませんが、生活の中の科学として、保護者の方と考えたり、本やインターネットで調べるとおもしろいと思います。是非トライしてはいかがでしょうか。

2013年6月3日の朝礼の要約

自慢はどうしていけないのですか？

おはようございます。今日は皆さんがお友だちと仲良くできるための心がけの一つをお話しします。クラス担任の先生から子どもたちが時々けんかしたことを聞きます。そのけんかの原因の一つに、自慢があります。自分のしたことや自分の持ち物などがりっぱだと、人はつい自慢したくなるものです。自慢することは良いことですか。（「良くない」という多くの児童たちの声があがる）皆さんは良く知っていますね。とてもりっぱです。ではなぜ自慢は良くないのでしょうか。今日はその理由を考えてみましょう。

自慢するということは、自分はあなたよりりっぱなのだ、自分はあなたより偉いのだ、あるいは、自分の持ち物はあなたの持ち物よりも良いのだ、ということを暗に言っているのと同じです。そうすると、聞かされた人は気分が良くありません。このようなことが何回かくりかえされると、自慢を聞かされている人はひどく心が傷つき、我慢できなくなって自慢している人に反論します。そしてけんかが始まります。自慢する人は、相手の心を傷つけてきたことに気づいていませんから、理由もなくいじめられたと受け取ってしまいます。このことからわかりますように、自慢することは人の心を傷つけ、けんかの原因になりますので、良くありませんね。

もしどうしても自慢したい気持ちを押さえられない時には、家族の人に自慢してはいかがでしょうか。それならば大丈夫です。反対に、もし自慢されたら、直ぐ忘れてしまうのが良いです。お互いにそうすれば、自慢が原因でけんかは起こりません。

本当に偉い人とはどんな人でしょうか。私は、偉そうにせず身を低くしてまわりの人に尽くせる人、与えられた役割や仕事以上のことを他人に対して喜んでできる人が偉い人だと思います。皆さんはこのような本当に偉い人になってくださいね。

２０１３年６月17日の朝礼の要約

カエデの葉は赤くなって何の得があるの？

今日の朝礼では、小学生の皆さんに、教科書にも載っていないことを考えることの楽しさを体験していただきたいと思います。私の質問は子どもだけでなくほとんどの大人も考えたことのないことです。その質問は私のお話の中ごろに出てきます。さて何でしょう。

今は秋の終わりの時期です。校庭の木の葉や家々の庭の木の葉が、黄色く色づいたり、赤く色づいたりしています。とてもきれいですね。どのような仕組みで葉はこのように色づくのでしょうか。

ここにイチョウの緑色の葉があります。この葉は確かに緑色にしか見えませんが、実は黄色い物も持っています。ただし、緑色が強いので、黄色は隠れて見えないのです。緑色の物は「葉緑素」という色素です。葉緑素は太陽のエネルギーを使って、お砂糖の原料であるブドウ糖を作るためにはたらいています。このはたらきを「光合成」といいます。ところが、ちょうど今のように秋の終わりになると、太陽の光は弱まり、気温が下がります。そうすると葉は光合成をしにくくなるので、葉緑素はいらなくなり、こわしてしまいます。そうすると今まで緑色に隠れていた黄色が見えてき

朝礼で使ったイチョウ

朝礼で使ったカエデ

ます。こうして、イチョウの葉は秋の終わりになると黄色く見えるようになります。

一方、カエデの葉は赤くなりますね。そして、赤くなった後、間もなく散ってしまいます。赤くなる仕組みは、その仕組みの途中までイチョウの葉と同じです。つまり、葉緑素が壊されるので葉は黄色になろうとします。しかし、カエデの場合は同時に赤い色素をわざわざ作り始めます。この赤い色素は「アントシアニン」というものです。これが葉にたまるので、カエデの葉は赤く見えるのです。

ここまでは科学的にわかっていることです。今日の朝礼の本題はこれからです。話を一歩進めて、「カエデの葉は、散る間際になぜわざわざ赤い色のアントシアニンを作るのでしょうか。」葉が赤くなると私たち人間は見てきれいだと感じますので、人間にとっては良いことですね。でも、目のない木は、赤いアントシアニンを作っても自分で見ることができません。何の得があるのでしょうか。

答えを思いついた人はいますか。担任の先生はいかがでしょうか。……実は、この答えは科学者もわかりませんので、皆さんがわからなくてもごく普通のことです。でもここでは、今から普通以上のことを考えてみましょう。私は答えを考えるヒントが次のように四つあると思います。

一　木は動けない。だから養分を取りに行けない。したがって、木は別の方法で自分の周りを養分豊かにしなければならない。

二　ブドウ糖は植物の養分となるが、水に溶けて流れてしまう。

三　アントシアニンはたくさん重なると水に溶けにくくなる。つまり、木の周りに残ることができる。

四　木の周りが養分豊かであれば、それを食べにミミズやダンゴムシなどの小動物がやって来て住み着く。動物がそこで死ぬと、やがて植物の栄養となる。

この四つを頭に入れて、先ほどの質問「カエデの葉は、散る間際になぜわざわざ赤い色のアントシアニンを作るのでしょうか」を考えてみてください。私は次のように考えます。つまり、葉に残っているブドウ糖は、落葉後雨水に流されてしまう。そうすると、木の周りの養分が少なくなってしまう。ところが、ブドウ糖をもとにアントシアニンを作ると、落葉後雨水に流されにくいので、木の周りを栄養豊かに保つことができる。しかも、栄養豊かな木の周りには小動物が落葉を食べにやってきて、そこに住み着き、やがて死に、植物の栄養となる。したがって、アントシアニンを作る木は次の年に良く成長できる。この考えはいかがでしょうか。

実は、アントシアニンは、ＤＮＡにとって有害な紫外線を吸収するはたらきを持っていますので、カエデが紅葉するのは、光合成をする葉を紫外線から守るためだと考える人もいます。しかし、先ほども言いましたように、カエデの紅葉は、間もなく落ちてしまう葉で起こりますので、「葉を紫外線から守るため」という理由は理屈に合わないのではないでしょうか。私は、今述べた私の考えが理屈に合っていると思いますが、小学生の皆さんはどう考えますか。

この世界には答えのわかっていないことがまだまだ山ほどあります。私たちの身の回りで起こっている自然界のできごとを、なぜだろうと考えることはとても楽しいことです。皆さんの型にはまらない頭で考えると、誰も思いつかなかった素晴らしい答えを見つけられるかもしれません。

２０１３年11月11日の朝礼の要約

イマジネーションは知識より大切です

~アインシュタイン~

今日の朝礼では、勉強ができるようになるにはどうしたら良いかを考えてみたいと思います。私は勉強ができるようになるためには三つ大切なことがあると思います。さて何でしょうか。

一つ目は、「覚えること」です。この答えは誰でも知っていることですね。授業で学んだことや、本で学んだことを覚えようとすることは、大切です。たとえば漢字などはくり返し練習することによって、ちゃんと覚えることができます。練習している時誰でも「覚えよう」としています。

二つ目は、「理解すること」です。算数と理科は特にそうですが、実際にはどの科目も筋道立ててものごとを理解することは、とても大切です。大人の方から、「自分は小学生の頃には結構勉強ができたのですが、中学生、高校生になるにつれてだんだん勉強ができなくなってしまいました」とお伺いすることがあります（謙遜かもしれませんが）。その理由はいろいろとあるかもしれませんが、理由の一つは勉強する時に、わからなくてもとにかく「覚えよう」としたことが原因だと思います。覚えること（つまり記憶）には誰にでも限界があります。覚えるのではなく理解しようとして頭を使うと、良く考えますので、結果的に知らず知らずのうちに筋道が記憶に残ります。中学生、高校生の勉強内容は、「覚えること」よりも「理解すること」が大切になってきますので、小学生のうちに理解する勉強法を身につけると良いと思います。皆さんの先生はそのような授業をたくさんしてくださっています。

さて、三つ目は何でしょうか？……勉強法で「覚えること」と「理解すること」以外にも大切なことがあると考える人は世の中にあまりいないようです。その答えは「イマジネーション」です。これは、この世にまだ存在しない考えや、まだ誰も思いつかなかったことを頭の中で考える力です。別の言い方をしますと、自分の持っている幾つかの知識や直感を総合して論理的に新しいことを考える力です。この力を使いますと、興味がどんどん湧いてきて、勉強が楽しくなってきます。

イマジネーションが大切であると言った有名な物理学者がいます。それはアインシュタインです。彼は次のように言いました。私は彼の言葉を英語で言いますが、その英文には皆さんも知っている英語の言葉が幾つか出てきます。Imagination is more important than knowledge. Knowledge is limited. Imagination encircles the world. 皆さんの中にはもうわかった人もいると思いますが、「イマジネーションは知識よりも大切です。知識には限りがあります。イマジネーションは宇宙をも包み込むほど広く豊かです」という意味ですね。

アインシュタインにならい、皆さんもこの小学校で、イマジネーションを豊かにして楽しく勉強してほしいと思います。

２０１３年11月25日の朝礼の要約
出典　The Saturday Evening Post, USA, 1929

イマジネーションを使ってみましょう

おはようございます。一週間前の朝礼では、勉強ができるようになるためには三つの方法があることをお話しました。覚えていますか。「覚えること」、「理解すること」、そして「イマジネーションを使うこと」、でしたね。今日の朝礼では、イマジネーションを使うことを楽しく体験してみましょう。

ここにリンゴがあります。今私が手に持っているリンゴを離します。リンゴが落ちましたね。このようにリンゴが落ちるのを見て、万有引力を思いついた人がいます。誰でしょうか。……そうです、ニュートンです。良く知っていますね皆さんは。ニュートンは、自分の持っている知識だけを頼りに考えたのではなく、自由なイマジネーションで、リンゴが落ちる理由は大きな地球が持っている引力に引きつけられたからだ、とひらめいたに違いありません。このひらめきは、地上で物が落ちる理由や月が地球から離れていかない理由も説明できます。この例から、イマジネーションのすばらしさがわかります。

今度は皆さんがイマジネーションを使う番です。リンゴを真上近くに投げます。そうしますとご覧のように鋭いピークを持った山のような線が描かれます。また、このように少し横上に投げますとなだらかな山のような線を描きます。これらのような線を、「物が放り投げられた時に描く線」ですので、放物線と呼びます。形の違う放物線はどうしてできるのでしょうか。放物線の形とリンゴの投げ方の間には何かの関係がありそうです。どんな関係でしょうか。

また、リンゴは地球の引力に引っ張られるから下に落ちると言いましたが、それを納得する前に、あることをちょっと考えてください。例えば私から見て、真下も地球ですが、斜め下も地球です。それなのに、どうしてリンゴは斜め下に落ちていかないのでしょうか。

このように、リンゴが落ちるのを見ることによって、ニュートン以外の人もいろいろな疑問を頭に思い浮かべることができます。この疑問を解くために、もっと勉強しようと思いませんか。

リンゴを見てイマジネーションを働かせるのは、何も理科に限ったことではありません。算数の好きな人は、先ほど教えた放物線を数式で表すことを考えるかもしれません。皆さんがもう少し大きくなりますと、数式というのを学びます。算数の好きな人は、数式をみただけで放物線の形をイメージできるようになります。楽しそうですね。

また、音楽の好きな人は放物線を見て、音楽でいろいろな形の放物線を表現しようとするかもしれません。どんな音楽になるでしょうか。

リンゴが描いた放物線は、実際には見えませんが、絵の好きな人はいろいろな形の放物線のイメージを頭の中に留め、素敵な絵を描くかもしれません。

言葉が好きな人は、リンゴを主役にして物語や詩を作れると思います。どんな物語が作られるでしょうか。自由に発想して楽しくわくわくする物語を作ってはいかがでしょうか。

そして、リンゴはもちろん食べ物です。リンゴを使って、これまで誰も作ったことのないおいしいお菓子やお料理を作ってみてはいかがでしょうか。

＊＊＊＊＊

このようにイマジネーションを使うことにより、どの教科であっても楽しく、わくわくして、新しいことに挑戦することができます。イマジネーションの良いところは、知識量や年齢や経験に関係なく、自由に豊かに広げられることです。イマジネーションを使うと、もっと知りたい、もっとわか

朝礼で使ったリンゴ

りたいと思うようになります。

人は善をなさんとして悪をなす　～マクナマラ～

２０１３年12月2日（月）の朝礼の要約

みなさんは新聞を読んだり、テレビのニュースを聞いたりしていると思います。そこで皆さんに伺います。今のアメリカの駐日大使は誰だか知っていますか。……そうです。キャロライン・ケネディさんです。皆さんは良く知っていますね。キャロライン・ケネディさんは、日本でもアメリカでもとても有名な方で、今も昔も最も人気のある大統領であるジョン・F・ケネディ大統領のお嬢さんです。ケネディ大統領は私が小学5年生の時に大統領になりました。

今日の朝礼では、ケネディ大統領から頼まれて国防長官になったロバート・マクナマラさんの言葉を紹介します。この言葉はとても意味の深い言葉です。その言葉とは「人は善をなさんとして悪をなす」です。易しく言い換えますと、「人は良いことをしようとして、悪いことをしてしまう」という意味です。これは不思議ですね。良いことをしようとしたのに悪いことをしてしまう。そんなことなんて実際にあるのでしょうか。

実は、世の中にはたくさんあります。マクナマラさんの場合には、50年前当時、ベトナム戦争がありました。マクナマラさんが率いるアメリカは、民主主義のため、正義のため、と考えてベトナム戦争を進めました。そしてその戦争は長引きました。そのために、何百万人ものベトナム人が死に、アメリカ兵も何万人も死にました。結局アメリカはこの戦争に負けました。マクナマラさんは戦争が終わって何年も経ってから、先ほどお話した言葉「人は善をなさんとして悪をなす」を自分の経験を踏まえて述べました。

この言葉どおりのことは、学校内でもしばしば起こっています。マクナマラさんの場合には国と国の間で起こった争いですが、人と人の間でも起こります。たとえば、教室の中で、ある子どもの行ないが悪かったとします。そして、そばにいた別の子どもが注意したとします。この時、注意する側の子どもが、悪い行ないを止めさせようとして、相手にきつい言葉を投げかけたり、傷つける言葉をはいたりしてしまうことがあります。これはまさに「人は善をなさんとして悪をなす」ですね。

学校の先生もしばしば同じ過ちを犯します。新聞やテレビの報道で良く見聞きします。先生が行ないの悪い児童・生徒を良くしようとして、殴ってしまうことがあります。これもまさに「人は善をなさんとして悪をなす」です。しかし、先生の場合でもっと悪いことは、腕力による暴力ではなくて言葉による暴力です。時として、先生が児童・生徒にきつい言葉を投げかけたり、人格を否定するような言葉を投げかけたりしてしまうことがあります。私がこれまで朝礼で何度か言ってきましたように、ナイフより言葉の方が人の心を深く傷つけます。ですから、言葉の暴力をふるってはいけません。

家庭内でも起こることがあります。「しつけ」と称して、自分の子どもにひどい言葉を投げつけたり、殴ったりしてしまう場合があります。これも「人は善をなさんとして悪をなす」ですね。大人同士でも、「人は善をなさんとして悪をなす」をしてしまいます。たとえば、自分の偏った考えや価値観を他人に無理強いしてしまうことがあります。

これらの例のすべてに共通している厄介な問題は、悪いことをしている本人は、子どもも大人も、自分では善いことをしていると勘違いをしていることです。したがって、自分では悪いことをしていることに気づかず、止めることができません。ベトナム戦争と同じく悪い状態が長引きます。

それでは、私たちがそのような人にならないためにはどうしたらよいでしょうか。その答えをマクナマラさんが用意してくれました。つまり、私たちはいつも「人は善をなさんとして悪をなす」の言葉を忘れずにいることです。人はそういう性質を持っています。ですから、たとえ善いと思うことをする時でも、言葉を発する際には、言葉を慎重に選んで、どのような人に対しても傷つけるようなことのないようにいつも心掛けることです。また、行動する際には、自分の行ないは間違っていないかをいつもチェックすることです。ここにいる皆さんは、子どもも大人も、マクナマラさんの言葉を忘れないでいますと、きっと言葉や行いで間違いを犯す人にはならないと思います。つまり、「善いことをしようとして悪いことをする人」にはならないと思います。

２０１３年12月9日の朝礼の要約

出典　フォッグ・オブ・ウォー　マクナマラ元米国防長官の告白、２００３年

赤ちゃんはなぜ温かいの？　植物はなぜ凍らないの？

おはようございます。今日1月20日は暦の上で大寒です。今日から2月4日の立春まで、一年中で一番寒い時期が続きます。今日の小学校付近の最低気温はマイナス３℃くらいです。寒いですね。

池に氷が張りました。

今日の朝礼では、私たち人間も含めた動物、それに植物は、それぞれ凍るような寒さにどのように備えているのかをお話しします。

皆さんは走ったり重い物を持ったりした時、体が熱くなったことがあると思います。その理由は、動物は筋肉を使って運動する時に砂糖の仲間であるブドウ糖の化学エネルギーを運動エネルギーに変えますが、その時にブドウ糖の化学エネルギーの一部が熱エネルギーに変わるからです。ですから、運動すると体が温かくなります。

ここで質問です。皆さんの中で赤ちゃんにさわったことのある人はいますか。さわったことのある人は手を挙げてください。(何十人もの児童が手を挙げる)。けっこうたくさんの人が赤ちゃんにさわったことがあるのですね。さわった人はわかると思いますが、赤ちゃんはぽかぽかと温かったでしょ? 赤ちゃんは運動しないのになぜ温かいのでしょうか? 不思議ですね。その答は、赤ちゃんは褐色脂肪細胞と呼ばれる細胞をたくさん持っているからです。褐色というのはやや黒っぽい茶色のことです。この褐色脂肪細胞は、運動しなくてもブドウ糖から熱エネルギーを作ることができます。だから赤ちゃんは温かいのです。

実は小学生にもまだたくさんの褐色脂肪細胞があります。皆さんは、大人から、真冬なのに半ズボンで寒くないの? あるいは、スカートで寒くないの? と聞かれたことがあると思います。なぜ大人がそのような質問をするのかと言いますと、大人になると残念ながら褐色脂肪細胞が減ってしまうのです。だから、大人は子どもよりも寒さが苦手です。

褐色脂肪細胞が活躍するのは、人間の赤ちゃんや子どもたちだけではありません。この動物を知っていると思います（リスのぬいぐるみを見せる）。リスは冬になるとどうしますか？（冬眠するという声があちこちから上がる）。皆さんはよく知っていますね。そうです。リスは冬になると冬眠しますね。冬眠中、リスの体温は少し低くなりますが、巣穴の気温がマイナス５℃やマイナス10℃になったとしても、冬眠している間に凍ることはありません。その理由は、リスのように冬眠する動物には褐色脂肪細胞が多いからです。

このように、私たち動物は褐色脂肪細胞をうまく利用して、寒さから身を守っています。

一方、植物は寒さからどのようにして身を守っているのでしょうか。今朝のようにマイナス３℃くらいになりますと池の水は凍ります。ところが植物の細胞の中の水は凍りません。もし凍ってしまったら、できた氷によって細胞が壊されて、結局その植物は枯れてしまいます。

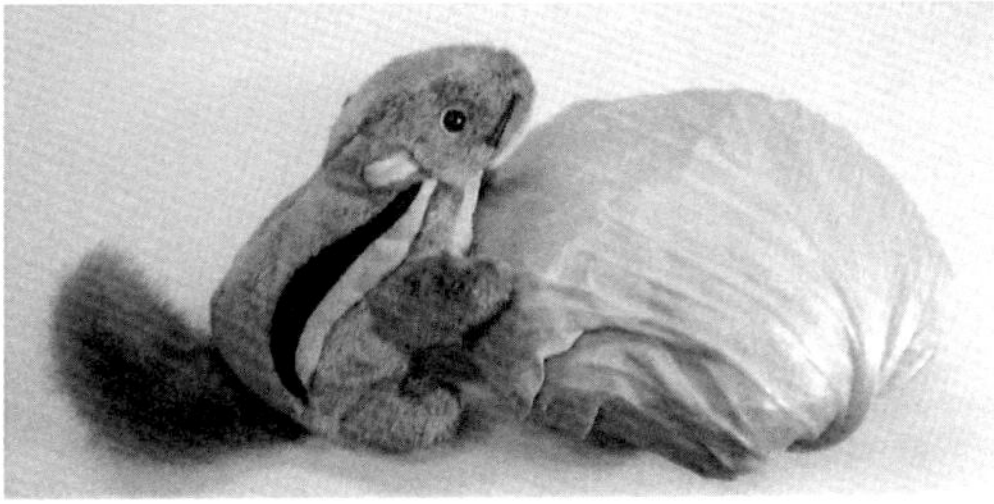
朝礼で使ったリスとキャベツ

植物の細胞が凍らないのは、ここに出した冬キャベツが甘いことと関係があります。キャベツに限らず、冬の野菜は他の季節の野菜よりも甘いことが知られています。なぜ甘いのでしょうか？実は、寒くなると植物は細胞の中にブドウ糖から作った特別な糖をたくさんため込むからです。水の中に糖分が増えると、凍りにくくなる性質があります。だから、冬野菜は甘くなり、凍りにくくなるのです。このキャベツもとても甘いです。

今日の朝礼では、動物も植物もそれぞれ違った方法で寒さから身を守っていることをお話ししました。方法は違っても、どちらもブドウ糖を利用している点は同じであることがおもしろいですね。

皆さんは、朝昼晩良く食べ、褐色脂肪細胞をはたらかせて、この寒い時期に風邪を引かないようにしてください。

２０１４年１月20日の朝礼の要約

心の中の「いいこと貯金」

おはようございます。今日の朝礼では最近私がとても感心したことをお話しします。

皆さんのほとんどは、毎日あるいは一週間に一度くらいの割合で、担任の先生が作った学級通信を家に持って帰っていると思います。私も先生方から同じ学級通信をいただいています。私はそれらをお昼休みに読むことが多いです。

私が感心したというのは、ある学級通信の記事にあった子どもの言葉です。そこには、私が朝礼でお話ししたことを忘れないようにメモをしていること、そしてそのメモを見たら「いいこと貯金」のことを思い出した、という意味のことが書かれていました。「いいこと貯金」を思い出してもらって、私はとてもうれしい気持ちになりました。そして、もう一度朝礼で皆さんにお話しして上げようと思いました。

皆さんの中には覚えている人もいると思いますが、二年前に私は次のように話しました。学校、家、通学の途中などで、良いことをした時は気持ちがいいですね。しかも、良いことをした時にほめられたりお礼を言われたりすると特にうれしいです。しかし一方で、良いことをしても誰も見ていない時には誰もほめてくれませんね。また、人に親切にした時にお礼を言われない時もあります。このような時にはちょっと残念なような、さびしいような気持ちになるかもしれません。そんな気持ちになってしまった時にはどうすれば良いでしょうか。良いことをすることを止めてしまいますか、また、親切にすることを止めてしまいますか。せっかく良いことをしようとする気持ちがあるのに、それはもったいないですね。

そうしたらどのように気持ちを切り替えればよいでしょうか。私は、「いいこと貯金」を心の中にすれば良いと思います。つまり、良いことしても誰にもほめられなかった時は、自分の心の中に貯金をしたと思うのです。私はこの貯金が多ければ多いほど、人は心の豊かな人になれると思います。そうしますと、むしろ、良いことをしても親切にしても、ほめられもせずお礼も言われない方がよい、とも思えてきます。皆さんもこのような人になってはいかがでしょうか。そして、人が見ていようが見ていまいが、お礼を言われようが言われまいが、いつも良いこと、親切なことをしてください。そして皆さんの心の中にたくさんの貯金をしてください。皆さんならきっとそのようにできるでしょう。

２０１４年２月３日の朝礼の要約

責任、誠実、愛

おはようございます。今日は3月3日です。おひな祭りの日ですね。皆さんの中にはお祝いをしてもらった人、あるいは今夜お祝いをしてもらう人がいるかもしれません。

でも、今日の朝礼では、おひな祭りのお話をするのではありません。今日は3日ですので、あと12日経つと6年生は卒業です。そして、あと17日で1年生から5年生は修了式を迎えます。つまり、学年がもう直ぐ終ります。

その時期になりますと、皆さんは、クラスの担任の先生から、あと少しでこの学年が終わりますので、学年のまとめとして、しっかりと勉強しましょう、あるいはしっかりと学校生活をおくりましょうなどと言われているのではありませんか。6年生は特に、小学生としての総仕上げとして、最高学年として、しっかりとした心構えで過ごしましょう、という意味のことを言われているのではないでしょうか。

ところで、「しっかり」とするにはどのようにすれば良いのでしょうか?

私はしっかりとするには、次の二つの言葉のとおりにすることが大切だと思います。一つは「せ

朝礼で使った漢字

きにん」です、もう一つは「せいじつ」です。

「せきにん」は漢字で書きますとこのように書きます（文字を見せる）。まだこの漢字を学んでいない人もいると思いますが、ここで覚えてはいかがでしょうか。責任とは、自分が必ずしなければならない役目のことです。

「せいじつ」は漢字でこのように書きます（文字を見せる）。誠実とは、自分の言うことやすることに、うそやいい加減さがないことです。したがって、学校で何かをするとき、責任を持って、誠実にする、ということを実行してはいかがでしょうか。そのようにしますと、担任の先生はあなたのことをしっかりした子だなぁと感心してくれると思います。

責任と誠実、この言葉を忘れないでくださいね。それから、この言葉どおりにするには、心の原動力が必要ですね。心のエネルギーと言ってもよいかもしれません。心の原動力として最も大切なのは「愛」です。「愛」の意味はいろいろとありますが、学校の中では、クラスの仲間を自分のことのように大切に思う気持ちです。この愛があれば、友だちのために、クラスのために、責任を持って誠実に何でもすることができます。したがって、愛が最も大切です。

どうか一つの学年を終えようとしている今、責任、誠実、そして愛という言葉を意識して過ごしてください。そうすれば、お互いに信頼し助け合える仲間になれると思います。

最後に、私たち教職員も子どもたちに接する時、愛に動かされて、責任を持って誠実に仕事をすれば、この学校の中で子どもたちはみんな幸せになると思います。

２０１４年３月３日の朝礼の要約

事に臨んで

６年生の皆さん、ご卒業おめでとうございます。心からお祝いを申し上げます。今この席に着いて、６年間のさまざまな出来事が頭に浮かんでいるのではないでしょうか。たとえば、皆さんの入学式は、変電所の火災のために中央線が動きませんでしたので、延期されました。その後小金井公園、多摩動物公園、秋川渓谷などへの遠足、そして運動会、音楽会、展覧会、また3年生からの至楽荘生活と一宇荘生活がありました。これらの行事を通して、単に楽しむだけでなく、友だちとぶつかり、悩み、苦しみ、時には喧嘩もしたと思います。それらの思いは、つい先日発行された「なでしこ」第55号に出ていました。これを読ませていただき、とても感動しました。皆さんはそれらの困難を乗り越えて今ここにいるのだと思います。皆さんの心の成長が見てとれてとてもうれしく思いました。

さて、ご来賓の皆様、今日はご多忙のところ本校の卒業式にご臨席を賜りありがとうございます。本校を代表して厚くお礼を申し上げます。また、保護者の皆様、お子様のご卒業おめでとうございます。この6年間にはさまざまな喜びとともに心配事もあったものと拝察いたします。それだけに、今日のお喜びもひとしおかと存じます。

さて、卒業生の皆さん、私はご卒業に際し、皆さんのこれからの人生で役に立つ言葉を贈りたいと思います。言葉は自分を律し、自分を導くために、しばしば重要な役割を持ちます。ここでは三つの言葉を贈りたいと思います。

一つ目は「感謝」です。皆さんはとても恵まれています。たとえば、3年前の卒業式はここではできませんでした。東日本大震災の余震の心配のためです。そのため、第二食堂で、6年生とその保護者だけで卒業式を行いました。しかし、今日は幸いにも自然災害にみまわれていませんので、この場所でたくさんの人から祝福されて卒業できます。多くの人はそんなことは当り前と考えてしまうかもしれませんが、私たちは何と幸運なのでしょうか。そして皆さんは健康です。良い友だち、良い保護者、良い先生に恵まれました。これも何と幸運なのでしょうか。もし、皆さんの中で不満を持っている人がいたとしますと、その人は自分のことしか見ることができず、周りを見ることができないからではないでしょうか。周りを見ることができ、周りに謙虚に感謝できる人になっていただきたいと思います。

二つ目は、「誠実」です。10日前の私の最後の朝礼でも言いましたが、誠実とは、言うことやすることに、ごまかしやいい加減さがない様子です。私は、皆さんは十分に誠実な人だと思います。なぜわかるかと言いますと、一宇荘と至楽荘で一緒に寝食を共にした経験、会食のときの会話、そして「なでしこ」第55号を読んだことがあるからです。私はこの卒業式にあたり、皆さんにはより高度な誠実さを示せる人になってほしいと期待します。より高度な誠実さとはどういうことかと言いますと、「事に臨んでぶれない誠実さ」です。つまり、今皆さんは何か物質的な誘惑に遭っている訳ではなく、誰かとの利害関係で悩んでいる訳ではありませんので、感情は平穏な状態にあります。したがって、誠実さを示すのは簡単なことのように思えることでしょう。しかし、実際の生活ではさまざまな場面に出会い、誘惑や利害関係に直面します。大切なのは、そういう時に、他者にあるいは学校や会社に、誠実さを示せるかどうかということです。誠実であることは多くの人にとってたやすいことではありません。しかし、ここにいる皆さんには、「事に臨んでぶれない誠実さ」を示せる人になっていただきたいと思います。

三つ目は「愛」です。ここで言う愛とは、利他的な愛です。他者のために役立ちたい、困っている人を救いたい、病気の人を治して上げたい、こういう気持ちの根底にあるのが「愛」です。幸い、皆さんの多くは私との会食の時に、そのような希望を述べ、私を感心させました。すばらしいと思います。この「愛」に関しても、どうか「事に臨んでぶれない愛」を示せる人になっていただきたいと思います。皆さんならばきっとそのような人になれると信じています。

どうか「愛」に動かされて、誠実に生き、感謝の気持ちを表せる人になっていただきたいと思います。

以上、三つの大切な言葉について述べてきましたが、ここで一つだけプラスαの短いお話をします。それは、恋愛の話です。皆さんはちょうどいわゆる思春期に入ったところです。異性を意識するようになります。これはごく自然なことであり、すばらしいことです。中学生時代の恋愛は、良い人格を作る上で大切だと私は思います。この恋愛によって、自分を見つめ、自分を磨き、相手を思いやる強い気持ちが育まれます。皆さん、そのようなすばらしい経験をしてはいかがでしょうか。そして、周りの人は、同級生も保護者の皆様も、本人に理解を示し、温かく見守っていただきたいと思います。
最後に、卒業生の皆さんの健康で精神的に豊かな生活をお祈りして、私の式辞といたします。

２０１３年度卒業式の式辞（２０１４年3月15日）より

少年よ大志を抱け　〜何に対してですか？〜

「少年よ大志を抱け（Boys, be ambitious）」は、明治初期の札幌農学校のクラーク博士の言葉として広く知られています。ここで「少年」とは、男子と女子を意味しているととらえてください。ところで、クラーク博士は何に対して大志を抱けと言ったのでしょうか、それとも名声に対してでしょうか。そうではありません。彼は次のように言っています。富に対してでしょうか、「お金に対してでも、利己的な権力に対してでもなく、また世間の人が名声と呼ぶあのむなしいものに対してでもなく、人が人として備えていなければならない全てのことを身に付けるため、少年よ大志を抱きなさい。」

また、クラーク博士は、校則を決める時、細かい校則は必要ではなく、「紳士たれ（Be gentleman)」だけで十分だと言ったそうです。男女共学の今ならば「Be lady and gentleman」と言ったかもしれません。彼の言葉には、何をするべきか、どう振る舞うべきかは自分で判断しなさい、その時の判断基準は淑女としてであり、紳士としてです、という意味が込められていると思います。

皆さんも「人が人として備えていなければならない全てのことを身に付ける」という大志を抱いて、努力を続けてください。そして、礼儀正しく、品格があり、他人の立場を考えられる人（つまり淑女と紳士）になってください。私は卒業後も応援しています。

卒業記念文集「最高学年 ～未来へ羽ばたけ仲間達の思い出の玉手箱～」

（2014年3月31日発行）より

出典　ポール・ローランド著「東北帝国大学農科大学略史」1914年

なぜ修了式をするのですか？

おはようございます。これから修了式を始めます。今日は一つの学年が終る日です。ところで、学校は修了式をなぜ行うのでしょうか。今ここで皆さんとそれを考えてみるのは、意義のあることです。

私は修了式を行う理由が二つあると思います。一つ目は、一年間の良かったことやあまり良くなかったことを思い出し、うれしく思ったり反省したりするためです。特に、私は良かったことを思い出し、うれしく思い、自信を深めることが大切だと思います。そして、周りの人、特に私たち大人はその良かったことに気づき、ほめることが大切だと思います。そうしますと、皆さんはうれしい気持ちになり、達成感を感じ、意欲を持って次のステップに進めます。

私から皆さんを見ますと、この一年間とてもすばらしかったと思います。ここにいる1年生から5年生まで、良く勉強しました。運動もしました。遠足、荘生活、運動会などでも一生懸命に頑張りました。きっと、その間には楽しいことばかりではなく、つらいこと、心配なこと、めんどうくさいと思ったこともあったと思います。しかし、皆さん全員がそれぞれにそれらを乗り越え、今ここに立っています。本当にすばらしいことだと思います。先週までここにいた6年生の成長もとてもすばらしかったと思います。一週間前の卒業式では立派な態度で卒業していきました。それを見送った5年生もすばらしかったです。6年生はきっと5年生の皆さん全員の真心のこもった言葉に感動したと思います。

修了式を行う二つ目の理由は、心のスイッチを切り替えることです。修了式では今までの一年間を振り返ること、つまり過去を振り返ることだけでなく、次の一年間の準備をします。言い換えますと、未来のためのスタートを切ります。もし修了式がないと、一年間の締めくくりの機会が持てず、新たな心構えもうまく持てません。ただ何となくだらだらと新しい学年になってしまいます。それを防ぐため、修了式を行うことによって気持ちを切り替え、次の学年のための心のスイッチを入れます。

以上、今日のこの修了式で私がお話ししたことによって、皆さんは自分の一年間の成長を実感し、自信を持ち、4月から一つ上の学年で不安なくスタートを切れる気持ちになったのではないでしょうか。もしそうならば私はとてもうれしく思います。

皆さんならば、これからの一年間だけでなく、その後も着実にずっと成長を続けていけると信じています。どうか自信を持って前へ進んでください。

＊　＊　＊　＊

ところで、私の校長としての任期がこの3月31日で終わります。皆さんとお別れするのはとても残念ですが、大学の規則ですので仕方ありません。したがって、校長として皆さんにお話しするのはこれが最後です。私はこの学校の校長になって本当に良かったと思っています。その理由は、皆さんのようなすばらしい小学生に出会えたからです。また、すばらしい保護者の皆様、すばらしい教職員にも出会うことができました。この出会いは私の一生の宝です。皆さん、どうもありがとうございました。

２０１４年３月20日（木）の修了式式辞の要約

《校長だより》

メッシはシュートを七割以上はずしている

ご卒業おめでとうございます。皆さんと私は、平成22年4月から26年3月までの4年間、一緒に附属小金井小学校で過ごしました。私の胸にはその4年間の記憶が喜びの気持ちとともに刻まれています。

皆さんはこれから中学生になります。これまでよりも自分で考え、自分の判断で行動する機会が増えてきます。将来への希望も、より具体的に大きくふくらむことでしょう。私は皆さんが小学校のさまざまな場面で本当によく努力したことを知っています。心からその努力を讃えます。中学校でもその姿勢は貫かれると信じています。ただ、努力しても思いどおりにいかないことが、これまで以上に増えてくるでしょう。これは世の中の誰もが経験することです。そのような時、一度は落胆し、心が傷つくかもしれません。しかし、決してそれに負けずに自信を持って挑戦し続けてほしいと思います。もし心がなえそうになったなら、次の幾つかの例を思い出してはいかがでしょうか。

統計によれば、サッカー界で世界一のストライカーと言われるメッシのシュート成功率は26％です。言い換えれば、彼でさえシュートの7割以上をはずしています。また、野球の世界では、三割打者というのは大打者の代名詞ですが、見方を変えれば七割を打ち損じています。世界的に活躍している建築家の安藤忠雄さんは建築の設計競技で負け続け、「連戦連敗（東京大学出版会、2001年）」という本さえ出しています。そうです。世界的に活躍している人でさえ失敗・敗北の方が圧倒的に多いのです。

皆さんの人生を考えた時、私は皆さんの希望が叶うことを心から願っています。同時に、それに必要な、失敗や敗北にめげない心を持つことも願っています。そのような強い心を持つためにはどうしたらよいでしょうか。それには、努力している自分を信じることが大切です。努力が無駄に終わることはありません。なぜなら、たとえ希望どおりに事が進まなかったとしても、別な形で報われるからです。ですから、先ずは、一流の努力家になってください。私には、その先に皆さんの素晴らしい未来が見えます。

平成26年度卒業記念文集「STEP BY STEP　～一歩ずつ前へ～」
（2015年3月発行）より

シンデレラはなぜ世界中で愛されるのですか？

おはようございます。1年生の皆さん、初めまして。2年生から6年生の皆さん、およそ一年ぶりにこの場でお会いできて私はとてもうれしく思います。今日は繁田進校長先生と関田義博副校長先生のご親切のお陰で、今日の朝礼は私が行うことになりました。

この場で皆さんに話してあげたいことは幾つかありますが、この時期は一つの学年が間もなく終わる時期であり、また新しい学年への心の準備の時期ですので、皆さんがいつまでも今のクラスの仲間から愛され、仲良く平和な気持ちでこの一年間を締めくくれる秘訣を皆さんと一緒に考えてみたいと思います。

そこで、それを考えてもらいたいために一つ質問をします。それは、シンデレラはなぜ世界中で愛されるのですか、です。皆さんはシンデレラのお話をよく知っていると思います。そして、皆さんの多くがシンデレラのことを好きなのではないでしょうか。なぜでしょうか。その理由を考えたことがありますか。

ここで、考えるヒントを得るために、シンデレラの物語のあらすじを思い出してみましょう。

・むかしきれいで気持ちのやさしい娘がいました。シンデレラのことですね。
・かわいそうなことに、そのお母さんが亡くなり、お父さんは新しい人と結婚しました。
・新しいお母さんになった人には二人の娘がいました。
・新しいお母さんとその二人の娘は、シンデレラに粗末な服を着せ、辛い仕事をさせて、いじめました。
・ある時、お城で王子様が舞踏会を開くので、二人の娘に招待状が来ました。しかし、シンデレラには来ませんでした。
・二人の娘とお母さんがお城に行ってしまうと、一人残されたシンデレラは悲しくて泣きました。そこに、魔法使いのおばあさんが現れて、魔法を使ってシンデレラの服をきれいに変え、カボチャを馬車に変えました。そしてガラスのくつをはかせました。おばあさんは夜の12時を過ぎると魔法が解けると伝えました。
・お城に着いたシンデレラは王子様に気に入られ、時間を経つのも忘れるほどダンスをしました。
・12時近くになった時、シンデレラは急いで家に帰りましたが、お城にガラスのくつを落としてしまいました。

・王子様は、国中の娘にガラスのくつをはかせ、このくつにぴったり合う娘を探しました。
・その結果、シンデレラの足だけがこのくつに合いました。そしてシンデレラは王子様と結婚し、幸せに暮らしました。

何度思い出しても、最後には何となく幸せな気持ちになりますね。では、最初の質問に戻ります。なぜ、このような物語の中のシンデレラは、世界中で皆から愛されるのでしょうか?どう思いますか。理由は、いくつかあると思います。たとえば、シンデレラは美しいから。あるいは、シンデレラがかわいそうな境遇から幸せになったから。どちらもそのとおりかもしれません。ただ、私は、物語に書いていない大事な理由がある気がします。

その理由とは、自分をいじめた人に仕返しをしなかったから、というものです。もし、物語の最後の場面で「足がガラスのくつにぴたりと合って、シンデレラは王子様と結婚しました。そして、お妃になったので（つまり力をふるえる立場になったので）、自分をいじめた義理の母とその娘に仕返しをしました」と書いてあったら、皆さんはシンデレラを好きになれますか。多分世界中の多くの人が、シンデレラを好きにならないだろうと思います。

さて、学校や世の中に目を向けますと、シンデレラが受けたほどのひどいいじめではないかもしれませんが、自分にとっていやなことをされたり言われたりすることがたまにあるのではないでしょうか。この時、皆さんはどうしますか。仕返しをしますか。学校やその他の集団生活をする場所では、自分自身も、仲間にいやなことをするつもりはなくても、自分で気づかないうちにしてしまうこともあると思います。ですから、自分がされても、仲間を思いやって、仕返しをしないようにするのはいかがでしょうか。そうすれば、仲間と平和な関係を続けることができます。いやな気持ちにされて仕返しをしたい気持ちになったら、シンデレラを思い出してはいかがでしょうか。

今日家に帰ったら、「シンデレラはなぜみんなに愛されると思う？」と皆さんの保護者の方に質問してみてはいかがでしょうか。さて、何と答えるでしょうか。答が楽しみですね。

最後に、私は皆さんが子どもの時も大人になった時も、周りの人にやさしくして、心豊かで、楽しく平和に幸せに暮らせることを祈っています。

２０１５年３月９日のゲスト朝礼の要約

2章

保護者へのメッセージ

ヒトだけの宝物

保護者の皆様、初めまして。私はこの4月から本校の仲間に加えていただきました。「児童を愛し、教職員を愛し、そして学校を愛す」をモットーにして、お子様が持てる能力を伸ばし、心身ともに健康で楽しい学校生活が送れますよう教職員と力を合わせて精一杯努力していきたいと思います。

新学期は誰にとっても新鮮です。新入生が入学します。2～6年生は一つ学年が上がり、未知の世界に飛び込むようなわくわくした気持ちを抱いていることでしょう。そして皆それぞれに新たな目標を立てていることでしょう。そのような様子を見ると、こちらまでわくわくしてきます。また、一緒に成長したいと思います。誰もがこの新鮮な気持ちを忘れずに大切にしたいものです。

保護者の皆様もお子様の入学・進級をお喜びのことと思います。発達段階にある小学生の学力向上と心身の成長には、学校と家庭の両方が大きな役割を持つと思います。私たちヒトという動物は他の動物にない素晴らしいシステムを持っています。それは社会生活と家庭生活の併用です。アリもゾウもサルも、ヒトと同じように社会生活を営みますが、家庭を持ちません。両方を営めるのは私たちヒトだけです。言い換えますと、脳が発達し、複雑な人間関係と社会を形成したヒトだけが、社会だけでなく家庭という安息の場を必要としたと言えると思います。どうかこのヒトだけの宝を存分に使っていただき、ご家庭でお子様が安らかにくつろげる時間を十分に作っていただきたいと思います。そうすればそれがお子様の滋養となり、学校という社会で存分に力を発揮できるものと思います。

以上が簡単ではありますが新年度を迎えての私の所信であり、保護者の皆様へのお願いです。どうかご理解とご協力をよろしくお願いいいたします。

小金井だより（２０１０年４月６日発行）「新年度を迎えて」より

のびのびと育てる

長く楽しい夏休みが終わり、これから充実の秋を迎えます。９月には６年生にとって集団宿泊生活の集大成である「一宇荘生活」、10月には「なでしこ運動会」、11月には３週間にわたる「音楽会ステージ練習」、そして12月には2日間にわたる「音楽会」があります。子どもたちが楽しみにしているこれらの行事が滞りなく行われますよう、私たち教職員は全力を尽くす所存です。

ところで、このような行事がある時期には、勉強や習い事との関係で時としてお子様に負担となることもあり得るかと思います。大人と同じく子どもであっても、学校という社会で程度の差こそあれ一種のストレスを感じるかもしれません。今年度の「小金井だより」第1号(4月6日発行)に、「ご家庭でお子様が安らかにくつろげる時間を十分に作っていただきたいと思います。そうすればそれがお子様の滋養となり、学校という社会で存分に力を発揮できるものと思います」というメッセージを載せさせていただきました。私が見る限り、お子様方は賢く頑張り屋で、良い子です。のびのび育てても きっと立派に育っていくものと私は信じています。私はこのような本校の子どもたちが大好きです。子どもたちの個性を大事にしつつ、持てる力を存分に引き出して上げたいと思います。

小金井だより(2010年9月1日発行)「2学期を迎えて」より

些細なことでも褒める

２学期は運動会と音楽会という記憶に残る二大行事がありました。どちらも子どもたちが良く準備をし、当日は練習の成果を見事に発揮しました。そのお陰で、学校全体で大きな感動を分かち合うことができました。私の心には未だにその余韻が残っています。６年生には、蓼科山登山に成功という達成感もあります。このように豊かな２学期を過ごすことができましたのは、日頃の保護者の皆様のご理解とご協力があったからだと思います。２学期を終えるに当り心からお礼を申し上げます。お子様は間違いなく少しずつ着実に成長しています。冬休み中は普段見過ごしがちな成長を発見する良い機会だと思います。どんな些細なことでも良い所に気づいたら、心を込めて褒めて上げていただきたいと思います。そうすることにより、一層自信がつき、更に成長することと思います。どうぞ健康で楽しい holiday season をお過ごし下さい。

小金井だより（２０１０年12月22日発行）「２学期を終えて」より

保護者の冷静な対応への感謝

一年間の集大成である3学期が終わりました。子どもたちは寒さにもめげずとても良く学び、遊び、成長したと思います。それを支えて下さった保護者の皆様に心からお礼を申し上げます。

一方で、本校を揺るがす事件により、皆様にはたいへんなご迷惑をおかけいたしまして心からお詫び申し上げます。さらには、3月11日の大地震の際には、冷静かつ愛情に満ちた対応をしていただき、深くお礼を申し上げます。これらの異常事態におきましても本校へのご協力とご理解を示して下さった保護者の皆様は、本当に素晴らしい方々だと改めて思いました。

6年生は中学校への希望を胸に、1～5年生は新学期への期待とともに3学期を終えようとしています。新年度が子どもたちにとって幸せに満ちた年度でありますようお祈りいたします。

小金井だより（2011年3月18日発行）「今年度を終えるにあたって」より

子どもを愛するということ

本校の保護者の皆さんの中で、ご自分の子どもを愛していない人など一人もいないと思います。そのことは、保護者の皆さんに直接接する機会の少ない私にもしばしばよく伝わってきます。たとえば、保護者により組織されている各種委員会での仕事や、遠足や荘生活前後の見送りと出迎えなどは、ごく普通のように見えることであっても実は子どもへの愛情なくしてなかなかできるものではないと思います。その様子を拝見した時、私はありがたいという気持ちとともに、きっと深くお子さんを愛しているのだろうと思います。

私は小学校長になる前は、国内外の研究所や大学で分子生物学分野の研究をしてきました。お陰でとても優秀な幾人かの研究者に出会うことができました。校長になって思ったことの一つは、その人たちはいったい小学生の時にどのようにして育てられたのだろうかということです。今となっては直に質問する機会はありませんが、当時の様子や会話を思い出しますと、それらの人たちに共通していたのは、伸び伸びと育てられたのだろうと感じられたことです。具体的には、前向きで、楽観的で、朗らかです。そのため、意欲的で、向上心があり、自信があります。

大学で研究と教育をしていますと、能力の高い学生に出会うことがしばしばあります。これはうれしいことですが、稀に、悲しいことに、本来能力は高いのに今一つ自信がなく伸びない人にも出会います。悩みを聞きますと、どうやら子ども時代に原因がありそうに思えます。その原因の一つに、親の過干渉があります。つまり、勉強にせよ日常生活にせよ子どもの気持ちを考えず親がうるさく口を出すようです。たとえば、たとえテストで良い点を取っても決して褒めず、もっと高い点を取ることを要求したり、子どもの素質や希望を無視して親の理想とする価値観や職業を強要することなどです。このような親御さんもきっと「私は子どもを愛している」と言うことでしょう。しかし、子どもを愛していることは十分に認めつつも、私にはその親御さんにはもっと愛しているものがあるように感じられます。それは、「世間の評価」です。これほど子どもの教育上厄介なものはなく、適度な距離を置く必要があると思います。

これには我々教員も気をつけなければなりません。子どもたちに勉強を教え、集団生活を教える時、子どもを愛しているでしょうか、それとも教員としての評価や自分の価値観を愛しているでしょうか。また、クラスをまとめるのはたいへんな努力が必要ですが、子どもの自発性を尊重しつつまとめているでしょうか、それとも威圧的にまとめているでしょうか。子どもを真に愛していれば後者の態度は取らないはずです。子どもと接する時の教員は、いつも自分は何を一番愛しているのだろうかという自問が必要です。

保護者も教員も、世間の評価を愛さず真に子どもを愛したいものです。その先には、伸び伸びと自分の能力を発揮している子どもたちの将来が見えます。

なでしこ 第52号（2011年3月1日発行）より

安全の徹底と責任を負う覚悟

今日はお忙しい中保護者会にお越しくださいましてありがとうございました。

この保護者会は、「学期末の保護者会」と「千葉県鵜原海岸で遠泳することを目的とした至楽荘生活のための保護者会」を兼ねております。例年どおりなら会の内容は実務的なものですので、校長はこれまで出席していませんでした。しかし、今年は、東日本大震災と福島第一原発の事故により、事情が異なりますので、このように、本来のスケジュールにはなかったのですが、校長がしゃしゃり出て来たという次第です。どうかお許し願いたいと思います。

前置きはこれくらいにして本題に入りたいと思います。先ずはお配りの資料をご覧ください（注1）。これは、先月27日の至楽荘説明会（注2）における質問項目への回答という形をとっています。

1番目には、鵜原湾の地図にお子様方がどこを泳ぐかが書かれています。

2番目には、津波情報の入手について書かれています。済みませんが、詳しい説明は後でお読みください。

3番目には、地震と津波への本校の対策が書かれています。これも済みませんが後でお読みください。

4番目には、前回の説明会の後、7月4日に再度私が測定した鵜原湾の海水や本校の水の放射線量の新しい測定結果が表1に書かれています。ご覧のようにどこにおいても放射性物質は不検出でした。表2にはご参考までに千葉県勝浦市の測定結果を載せました。

最後に7月1日付けで、千葉県農林水産部安全農業推進課が勝浦市産の荒茶から放射性セシウムが検出されたと発表したことについて、私の情報分析結果を書きました。これをお読みになりますと、お子様方が泳ぐ鵜原湾には放射性物質の影響がないことがおわかりになると思います。

以上、これらの調査とデータは、鵜原湾が放射性物質に関して安全であることを示しています。この安全性については、大多数の保護者の皆さんにご理解いただいているものと思いますが、一方で、安全であっても安心できないというお気持ちも、私は理解しております。論理と心理が一致するのが望ましいとは思いますが、人間ですから必ずしも一致しなくても良いのではないかとも思います。

したがって、学校行事である至楽荘生活に参加していただくのが望ましいいですが、どうしても心理的に無理という方は不参加を遠慮することはありません。

私は、さまざまな意見がある時に、それぞれの意見を尊重し合い、同時に意見を言う人に敬意を持つことが大切だと思っております。どうかこのような時こそ、お互いにそのようにして頂けましたらたいへんありがたく存じます。

さて、連絡進学に目を向けますと、もしも至楽荘生活に不参加の場合、附属中学校への連絡進学に悪影響が出るのではないかと心配している方もいらっしゃるとお伺いしております。しかし、私は「悪影響は出ない」と断言いたします。通知表には休みの日数が記載されますが、それを見た附属中学校が「不合格」にするとは思えません。また、本校が、至楽荘生活を欠席したからという理由だけで、不合格に通じるコメントを書き加えることはいたしません。ですから、心理的にどうしても参加できないという方は安心していただきたいと思います。

また、万一参加中に不幸にしてお子様が何らかの災害を被った時には、至楽荘生活は授業の一環ですので、実施した本校が責任を負います。特に管理職にある校長が全責任を負います。このことも明言いたしますので、安心していただきたいと思います。

このことに関連して、一部の学校のように臨海学校への参加を「自由参加」にしてはどうかというご意見が皆様の中にあることも承知しております。つまり参加するかしないかは学校が保護者の判断に委ねるということです。この「自由参加」は、一見民主的のように見えます。しかし、二つの視点から「自由参加」は適切ではないと思います。第一に、至楽荘生活は授業の一環だということです。授業を自由参加にするというのは理に合わないのではないでしょうか。第二に、責任の所在です。何らかの災害にあった時に、「自由参加」では責任が参加を判断した親にあることになる恐れがあり、学校または教育委員会などが責任を回避する手段ともなります。つまり、主催者側の責任回避に「自由参加」というやり方が利用されます。本校は、授業の一環として行うからには、全責任を負います。そしてその前に、放射性物質に関する安全性の確認と余震による災害時の対策をきちんと行います。

最後に僭越ながら学校行事についての私見を述べさせていただきます。学校行事は毎年くり返されるものですので、今年中止してもまた来年実施すればよいことであり、学校にとって痛手ではありません。しかし、子どもたちにとっては、学校行事は学年ごとに一生に一度の行事ですので、中止はその機会を完全に奪うことになります。私は本校の子どもたちのために、調査と安全対策を十分に行い、風評に流されて安易に学校行事を中止するようなことはしない、という考えでおります。どうかご理解をお願いいいたします。

長くなりましたが、至楽荘生活に関してこれまでの本校の取り組みと説明を信じていただき、できる限り参加して頂きたいと思います。そして、参加を決める方も不参加を決める方も安心していただきたいと思います。どうかどちらでも安心してください。

（注1）東京学芸大学編『東日本大震災と東京学芸大学』（東京学芸大学出版会、２０１３年発行）の１９８-１９９ページに掲載されています。

（注2）同右、１９６-１９７ページに掲載されています。

（至楽荘生活のための5、6年生保護者会での説明　２０１１年7月6、8日）

安全と危険を見極める

ＳＡＲＳ（重症急性呼吸器症候群）がかつて世界を恐怖に落とし入れたことを覚えている方も多いと思います。２００３年のことです。ＳＡＲＳウイルスに感染した人の致死率は高く、全年齢平均で14〜15％と推定されています。これほど恐ろしいウイルスがいる場所にわざわざ出向き、戦う人たちがいます。その一人が、本校の卒業生である進藤奈邦子さんです。

進藤さんは、ＷＨＯのメディカル・オフィサーとしてご活躍中です。ＳＡＲＳに限らず、新型インフルエンザやエボラ出血熱などの伝染病の発生場所に行き、生の情報を集め、診断基準や感染防御マニュアルを作成していらっしゃいます。それらはＷＨＯを通して世界中の人に利用されます。それだけに、進藤さんのお仕事は重要かつ責任が重いと言えます。

本校にとってうれしいことに、進藤さんがＮＨＫの「課外授業ようこそ先輩」という番組の収録のため、４月に本校の6年生に授業をしてくださいました。収録は〝極秘〟でしたが、ＮＨＫの番組予告のホームページを見ましたら、「大規模な天災や人災が起きた時、国連は何をするべきか」を考える授業をしてくださったようです。この内容は6月4日（土）に「めざせ〝地球人〟！」という題で放送される予定です。とても楽しみです。

収録後に、小学生時代の最も印象に残っていることは何かを伺いました。進藤さんは迷わず荘生活を挙げました。山の中で暮らした一宇荘生活、ひたすら泳いだ至楽荘生活を微笑みながら懐かしそうに語ってくださいました。

ところで、進藤さんはどうして右記のような危険な場所に行けるのでしょうか。その理由は二つあるのではないかと思います。一つは、医師としての強い使命感、もう一つはどこまでが安全でどこからが危険かの知識を持っていらっしゃることだと思います。世の中には、伝染病に限らず天災人災が多々あります。本校の子どもたちが、進藤さんのように安全と危険を冷静に見極めることのできる人になってほしいと思いました。


「撫子の会」会報12号（２０１１年6月発行）より

リテラシー

リテラシー（literacy）という言葉を最近時々耳にします。本誌をお読みの方はご存じのことと思いますが、この言葉の意味は、ある事柄について良く理解し、その知識を正しく活用できる能力のことです。「ある事柄」に応じて、情報リテラシー、科学リテラシーなどと呼ばれます。

今年3月の東日本大震災とその直後の福島第一原子力発電所の事故によって、これら二つのリテラシーが大切であると改めて実感なさった方も多いのではないでしょうか。連日新聞、テレビなどを通じて地震や放射性物質の情報が大量に流れています。また、インターネットには役立つ情報がある反面、論旨の根拠をたどれない無責任な情報も多々あります。更には、この好機を逃してはならじとばかり、不安を煽って本や商品や自分を売り込もうとする人もいます。このような状況下では、かなりの人たちが混乱し、誤った行動を取ることもある程度理解できます。

歴史を振り返りますと、88年前に起こった関東大震災では「東京全域が水没した」とか「朝鮮人が井戸に毒を入れ放火している」といった「情報」が流れたことは有名な話です。あげくの果てに、日本人の自警団が朝鮮人を虐殺しました。誤った情報と誤った理解は、人の感情を狂わせ、平常時では考えられない行動を取らせます。私たちは歴史から学ばなければならないと思います。この歴史から、情報リテラシーの大切さがわかります。

再び現在に目を向けますと、今回の大地震と福島第一原発の事故では、情報リテラシーのほかに科学リテラシーが求められています。特に放射性物質に関する正しい理解とそれに基づいた行動が大切だと思います。しかし残念なことに、今の報道、特にテレビでは、「この量の放射線ならば科学的に安全」と言うとバッシングを受け、「ただただ心配だ」と言っていると歓迎される風潮があるように感じます。私たち人類は太古の昔から年間２４００μSvほどの放射線に被曝しながら生きて来ました。この値を日頃報道で目にする1時間当りの値に換算しますと、０．２７４μSv／ｈの量を原発事故と関係なく被曝しています。他の例では、肺のX線集団検診の時には50μSvの放射線を被曝し、胃のX線集団検診の時には６００μSvの放射線を被曝します。それでも私たちは安全であることは経験上よくわかっています。このように、いくつかの情報を集め、互いに付き合わせ、検討することにより、正しい判断に達することができると思います。私は、本校の大切な児童を危険な目に遭わせない決意であるとともに、情報リテラシーと科学リテラシーを持った大人に成長してほしいと思っています。そのためには私たち大人が先ずそうあらねばならないと思います。私もそうであるよう努力していきたいと思います。

なでしこだより第１０２号（２０１１年7月11日発行）より

子どもは愛情を吸収して育つ

夏休み直前にふさわしく、暑い日が続いています。今年の暑さは節電のためもあり、例年よりも一層暑く感じるものと思います。熱中症に気をつけなければなりません。一方で、暑さはイネや夏野菜にとり素晴らしい恵みであり、それらを食べる私たちにも恵みとなります。

１年生にとって初めての学校生活はいかがだったでしょうか。朝礼の時や日々の学校生活を見ますと、本校に良く適応してりっぱな1年生ぶりだったと思います。２年生から6年生は進級後、まず体が一回り大きくなったように見受けられます。内面もしっかりした感じでそれぞれに頼もしくなりました。この一学期中、本校にさまざまな場面でご協力くださった保護者の皆様に心からお礼を申し上げます。

５年生と6年生はこれから至楽荘生活をします。世の中が放射性物質と津波の再来の可能性について騒然としている中、本校の情報分析と判断を信頼してくださった多くの保護者の皆様に心からお礼を申し上げます。また、不安を強くお持ちの保護者の方も、抑制の利いた適切な意思表示をしてくだったことに心から敬意を表したいと思います。世の中が混乱している時にこそ、その人の本質が見えてくると言われます。この観点から、どのようなお立場であれ、本校の保護者の皆様の素晴らしさを改めて実感でき、たいへんうれしく思いました。

夏休み期間中、保護者の皆様にはお子様に普段学校ではできないような体験をさせていただきたいと思います。この体験は何もキャンプや海外旅行など特別なものではなく、例えば日常の親の手伝いとか親との遊びの中で、十分な教育効果のある体験を積めるものと思います。そのような時、どうかお子様の良い点を積極的に見つけて、いつも愛情を込めて褒めていただきたいと思います。子どもは食べ物の栄養だけでなく愛情を吸収して育つものだからです。

小金井だより（2011年7月15日発行）「1学期を終えて」より

子どもにかかわる大人の心構え
～いたわり、寛容、褒め言葉～

お子様の夏休みの様子はいかがでしたか。スポーツや野外活動に汗を流しつつ、勉強もしっかりやったというお子様が多いと思います。また、保護者の皆様にはお子様の良い所を積極的に見つけて心を込めて褒めていただいたことと思います。本校教員も、短い休暇ながらもリフレッシュしたことと思います。一方で、「夏の研究会」に代表されるように、世の中が夏休み中でも教育の質の向上のために努力した教員が多いと思います。

さて、二学期の予定表を見ますと、なでしこ運動会や六週間にわたる教育実習などがあります。運動会に向けた準備で子どもたちは気分が高揚することでしょう。また、実習生との交流で新鮮な感動を得る機会があることでしょう。しかし、それらが終わった後に虚脱感を感じる子どももいると聞きます。その気持ちはわかるような気がしますが、学校としてはいつも楽しく勉強と運動に励んでいただきたいと思います。また、友だち同士も仲良くして豊かな人間関係を育んでいただきたいと思います。

そのためには私たち大人にはどのような心構えが必要でしょうか。人間は感情の動物ですので、まずは子どもの感情を大切にすることが重要です。少し疲れている時はいたわりの言葉が必要です。ちょっとした失敗は大目に見て上げることが必要です。私たち大人も完全ではないのですから、子どもたちに完全を求めないことです。良い時は惜しまずに褒めることです。子どもは大人に認められることで成長します。また、時々実現可能な目標を与え、達成感を持たせることも必要です。私たち大人がそのように心掛ければ、子どもはいつも前向きな気持ちを持つことができます。このような大人たちに支えられて、本校の子どもたちがこの二学期により一層成長することを期待します。

小金井だより（2011年8月29日発行）「2学期を迎えて」より

北風より太陽を

平成23年が終わろうとしています。しかし、東日本大震災による影響はさまざまな形で日本全体に及んでおり、復興への活動はまだまだ始まったばかりと言っても過言ではありません。この震災で亡くなられた方々に改めてお悔やみ申し上げますとともに、本校の関係者の中に被災されたご親戚やお知り合いの方がいらっしゃいましたら、心からお見舞い申し上げます。

さて、二学期の最大の行事であったなでしこ運動会は成功裏に終わりました。子どもたちは、競技では歯を食いしばって戦い、ダンスと組み体操ではよく練習して本番で見事に演じました。応援合戦も調和が取れていて見応えがありました。その上に、互いに協力し、やさしい言葉をかける場面もありました。私は感動のあまりその後の朝礼で、これらのことを二度にわたってくり返し賞賛しました。運動会という非日常の活動で得たことが、きっと日常生活に活かされると思います。努力、協力、思いやりに関して、子どもたちは間違いなく成長したと確信いたします。

冬休み中は、年末年始の行事を通して、お子様と接する時間が一年中で最も長いと思います。いつもお願いすることですが、お子様の良いところ、良い行いを（たとえそれがささやかなものであっても）心から褒めて上げてください。その効果は直ぐには見えなくても、着実にお子様の成長の糧になると思います。私たち大人でも、意見されるより褒められた方がやる気が出ます。ましてや子どもはなおさらです。北風より太陽です。

どうぞお子様と一緒に楽しい holiday season をお過ごしください。

小金井だより（2011年12月22日発行）「2学期を終えて」より

世界に通用する人に育てる

国際人という言葉があります。この言葉は、デジタル大辞泉（小学館）によれば、「国際的に活躍している人。世界的に有名な人。また、世界に通用する人。」と定義されています。この三つの中で、小学校での教育にふさわしい定義は「世界に通用する人」です。

では、本校の子どもたちを世界に通用する人に育てるにはどのようにすれば良いでしょうか。一般的に、まず挙げられるのが外国語（特に英語）の教育です。折しも平成23年度から、新学習指導要領が実施され、5学生と6学生にそれぞれ年間35単位時間（平均週一回）の「外国語活動」が必修化されました。この活動によって、主に英語を通じてのコミュニケーション能力の素地が養われることが期待されます。しかし、英語ができるようになるだけで、世界に通用する人になれるでしょうか。皆様も同じお考えと思いますが、答えは「否」です。英語力以外にも必要なものが幾つかあります。多くの専門家が、それぞれの立場から国際人として必要な素養を挙げていますが、ここでは私の米国留学と研究教育活動を通して感じたことから、次の五つを挙げたいと思います。

第一に、同じ語学という観点から、「国語力」を挙げたいと思います。たとえば、自分の考えを説明するにしても、日本の歴史を説明するにしても、小学生の時にはしっかりと日本語で話し、日本語で書く訓練が大切です。この訓練により、論理的に考え、話を順序立てて構成し、他人にわかり易く伝える方法を身につけることができます。この方法は、英語での会話や記述でも同じです。大学生の科学論文の指導をしている時、国語力と英語力には密接な関係があることにしばしば気づきます。

第二に、「身近なことに感心を寄せる心」を挙げたいと思います。小学生の時には、身近なことと言えば、学校、近所、地域などが代表的だと思いますが、大人になった時には、外国と対比して日本の歴史、地理、文化、自然、産業などが代表的なものになると思います。子どもの時に身近なことに感心を寄せ、時に調べ、友だちや保護者と何気ない会話の中でそれらを話題にするという経験は、大きな財産になります。自国を説明できることは、外国でたいへん大切です。

第三に、「議論力」を挙げたいと思います。人それぞれに皆異なる考えを持っています。何かを成そうとする時、必ず自分とは異なる考えに出会います。その時、私たちはどのようにすればよいでしょうか。まず自分の立場を明らかにし、考えを述べます。同時に相手の考えも聴きます。このやり取りは理性的に行なわれなければなりません。苛立ったり、相手を低く見るのではなく、相手に敬意を払い、事実と論理に基づき円満に話し合い、共通認識に到達しようとします。このような態度を私は「議論力」と呼びます。是非本校の子どもたちにそれを身につけてほしいと思います。

第四に、「独創性」を挙げたいと思います。独創性と言いますと、何か飛び抜けてりっぱなことを達成しなければならないように思われがちですが、実は日常的なことに一生懸命になることが独創性に通じるものだと思います。その良い例が、漫画です。今でこそ漫画は世界のさまざまな国で日本文化の代表の一つとして認められ、日本でも誇らしい文化とされていますが、元はと言えば、日本では低く見られてきました。江戸時代の浮世絵も然りです。しかし、浮世絵はルノワール、マネ、ゴッホなどに強い影響を与えました。子どもが何かに没頭している時、むやみに邪魔をしてはなりません。その没頭が将来世界的な独創性につながるかもしれません。

最後に、「笑顔」を挙げたいと思います。さまざまな人種と言語からなるアメリカの人たちは、笑顔であいさつするのが上手です。私の印象では、その笑顔は「私はあなたの敵ではありませんよ。よろしくね。」と言外に言っているように思えます。日本人は（特に男性は）、一般的に笑顔であいさつする習慣があまりありません。留学から日本に帰った時に、能面のように無表情であいさつする人たちに面食らったことがありました。これは歴史と文化の違いだから仕方ないと思います。一方で、本校の保護者の皆さんの笑顔は本当に素晴らしいと思うことがしばしばです。本校の子どもたちには男女にかかわりなく、笑顔であいさつできる人に成長してほしいと思います。あいさつ時の笑顔は、愛と友好の国際共通言語だからです。

以上五つのことを、本校の子どもたちが将来世界に通用する人に育つよう、これからも朝礼や荘生活で適宜お話ししていきたいと思います。私は本校の子どもたちに大きな期待を寄せています。

「なでしこ」第53号（2012年3月1日発行）の巻頭言より

当たり前のことができる喜び

３学期が終わると同時に、今年度の全教育活動が修了します。子どもたちはこの一年間多くのことを学び、多くのことを体験しました。日々の授業のほかに、1、2年生の遠足、3~6年生の荘生活、4~6年生の社会科見学がありました。さらには、全校児童で取り組んだなでしこ運動会と展覧会がありました。にわか雨にもめげずに親子で頑張った草取りもありました。これらの諸行事を通じて、子どもたちは広く社会を知り、保護者から離れて自立心を養い、人との関わり方を学び、全力で頑張ることの大切さと喜びを知り、自分を表現する楽しさを知り、奉仕の喜びを知りました。

これらのことは、平常時であれば全国どこの小学校でも程度と頻度の差こそあれ、経験できるものです。しかし、今年度は地域によってはこれら当たり前のことをできない学校が多数ありました。その原因は、言うまでもなく東日本大震災とそれに伴った福島第一原発の事故による放射性物質による汚染です。本校が長年当たり前のように行ってきた諸行事を、例年通りに実施できたことの幸運を素直に喜びたいと思います。同時に、不運にもそれらをできなかった学校にはご同情申し上げます。

この一年間を振り返りますと、これらの例年なら当たり前のことを本校が何げなく実施してきた訳ではありません。特に放射性物質に関しては、「風評も軽視せず、同時に風評に流されず」の立場を取り、報道とウェブサイトの資料を丁寧に調べ、必要に応じて独自にサンプリングをして放射線量を測定してきました。その結果、本校のどの行事を実施しても、原発事故以前と同じ安全性を確保できると結論できました。したがって、本校の諸行事を通じて本校の大切な子どもたちが危険な量の放射線にさらされたことはなかったと、自信を持って断言できます。

学校の行事は、学校側にとっては毎年同じようにくり返し行われるものですが、子どもたちにとっては各学年ごとに一生に一度のものです。したがって、私たちは安全性を十分に確認した上で、実施できるものは実施するのが責務だと考えます。この責務は重いです。風評に惑わされて、子どもたちから一生に一度の機会を奪ってはなりません。行事を中止したある都市の教育委員長さんが、本校の姿を知って、「我々は判断を早まった」とおっしゃったことが印象に残っています。その見識の高い委員長さんは、学校行事の意味を良く理解していらっしゃるからこそ、そうおっしゃったのです。

ともあれ、6年生は希望を胸に本校を巣立っていきます。1～5年生は学年が一つ上がることに、成長の実感と喜びを抱いていると思います。来年度においても、子どもたち全員の学力の向上と心身の成長を願ってやみません。保護者の皆様には、このたいへんな一年間本校に理解を示し、さまざまな形でご協力いただいたことに心からお礼を申し上げます。そして、来年度もどうかよろしくお願いいいたします。

小金井だより（2012年3月19日発行）「修了式にあたって」より

子どもを第一に考え、愛する

例年になく長く厳しい冬が終わり、ようやく春らしくなってきました。この春の到来と共に新年度がスタートしました。入学の喜びを胸に秘めて、1年生が入学します。2年生から6年生は、一学年上がったことの喜びと緊張感を持って新学期を迎えます。保護者の皆様も、お子様と同様のお気持ちかと拝察いたします。新年度に当り、私たち教員はお子様の学力と体力の向上に最善を尽くすことを改めて心に誓うとともに、東日本大震災前にはごく当たり前のように思われてきた安全の確保にも、油断せずに最善を尽くす所存です。

学校での教育、とりわけ小学校においては、保護者と学校の緊密な連携が大切です。保護者の皆様には日常的に本校にご協力をお願いすることが多々あることと思います。どうかよろしくお願いいたします。一方で、もし保護者の皆様にもご要望がありましたら遠慮なくおっしゃっていただきたいと思います。互いに敬意の籠った意見交換は、相互理解を促し豊かな関係を築きます。もし保護者と学校の考えに違いが生じた場合、一番困るのはその間にいる子どもたちです。本校は子どもを第一に考えます。私たち大人はこのことをいつも念頭に置かなければなりません。そのようなことは言うまでもないと思われる方もいらっしゃるかもしれません。しかし、新年度ですのでこの当然のことを改めて心に刻みたいと思います。

これに関連して、二年前に校長に就任した直後にお配りした「小金井だより」で、私は『児童を愛し、教職員を愛し、そして学校を愛す』をモットーにする」と書きました。配布後の職員会議では、これについて解説し、運用の一例として、「児童、教職員、学校という順番には意味があります。たとえば、学校の体面を保つために教職員を犠牲にすることはしません。そして、教職員の体面を保つために児童を犠牲にすることはしません。すなわち、児童を一番大切にします。」と述べました。今後もこのモットーで進みたいと思います。なお、ここで私は「児童＝保護者」という考えを取っています。すなわち、私は保護者の皆様をもとても愛しています。

大人にとっては一年間はあっという間に過ぎ去る時間ですが、子どもたちにとっては、十分に長い時間です。子どもたちの心身の成長のために、本校は日常の授業だけでなく、その〝長い〟時間を有効に使ったさまざまな学校行事を用意しています。どの行事も、それぞれの学年において子どもたちにとって一生に一度しか参加できないものです。「一生に一度」という重みを理解して、私たちは子どもたちを教育していきたいと思います。本年度も一年間どうかよろしくお願いいたします。

小金井だより（２０１２年４月６日発行）「新年度を迎えて」より

絆、議論、愛情

保護者の皆様、本日は、保護者の皆様と教員をつなぐこの大事な総会にご出席くださいまして誠にありがとうございます。心からお礼を申し上げます。また、既に今年３月にお子様が卒業された旧学校役員と学級代表の皆様、そして本校から他校に異動された先生方にはご出席くださいまして厚くお礼を申し上げます。

本校は今年度も、お子様の学力と体力の向上、ならびに精神的な発達のために努力していく所存です。また、昨年度に大きな問題となった地震、津波、放射性物質に対する対策、および昨今問題となっている登下校中の交通事故対策につきましても十分な対応をしていく所存です。

さて、私は日頃からできるだけ保護者の皆様とお話をしたいと思っておりますが、なかなかその機会に恵まれず残念な思いをしております。そこで、今日はこんなにもたくさんの方に来ていただいていますので、数分の時間をいただいてお話をさせて頂きたいと存じます。校長挨拶という場の関係上、私からの一方向的なお話になってしまい恐縮ですが、少しの間お付き合いいただけましたら幸いに存じます。私のお話は三つあります。そして、それぞれの話のキーワードは絆、議論、愛情です。

まず一つ目は絆です。本年度の本校の教育指針は、お手元の資料にありますように「学び合い、支え合う児童・学級・学校づくりをめざそう」です。これを目指すためには、我々教員の指導力と保護者の皆様のご理解とご協力が不可欠です。これを発展的に言い換えますと、この教育指針を実現するためには、学校での諸活動を通じての子ども同士の絆、子どもと教師の絆、子どもと保護者の絆、そして保護者と教師の絆、この四つの絆が大切です。これからの一年間、日々の授業や学校行事、そして学年によっては荘生活があります。これらのあらゆる機会を捉えて、絆が深まるように私たちは努力していきたいと思っております。

二つ目は議論です。本校の教育目標の一つに「深く考える子」という教育目標があります。深く考えるには、三つの段階があると思います。第一に事実を正しく認識すること、第二にその認識に基づき良く議論すること、第三に、その議論に基づき正しく判断することです。今日のお話ではどのように議論したら良いかについて考えてみたいと思います。日本語で議論と言いますと、いろいろなタイプの議論、討論、口論、論争などがごちゃ混ぜにされて、一言で「議論」と呼ばれている感がありますが、英語では、議論の方法と目的により明確に別の言葉で言われているようです。私の知る限りでは少なくとも四つの表現があります。すなわち、discussion, argument, debate, dispute です。

ご存じの方も多いと思いますが、dispute は、理性的でなく感情的に議論することです。Dispute のやり方は本校の子どもたちに身につけてほしくありません。

Debate は、公的なテーマについて、意見の異なる立場に分かれて意見を述べ合う形式で議論することです。

Argument は問題を論理的、理性的に整理して自分の意見を述べ、同時に他人の意見を聴くやり方の議論です。幅の広い物の考え方を身につけるのに役立ちます。

最後に discussion は、argument を行いつつ、最終的に互いの意見を調整して、円満に一つの結論に到達しようとするやり方の議論です。

私は本校の子どもたちにきちんと argument することができ、discussion することができる人になってほしいと思っています。そのためには、どうすれば良いでしょうか。有効な方法は幾つかあると思いますが、その一つは、私たち大人がきちんと argument をして、discussion をする態度を持つことだと思います。具体的には、たとえば学校の方針と保護者の意見が異なることもあるかと思います。この時、子どもはとても不安な気持ちになることでしょう。しかし、私たち大人が互いに敬意を払いながらargumentをして、discussionをするならば、必ずや子どもたちが安心し、大人を信頼し、ひいては学習意欲の増進に結びつくものと思います。したがって、もし学校の考えと意見を異にする時には、遠慮なく学校に問いかけていただきたいと存じます。

最後に、三番目の愛情についてです。私たち大人が子どもを教育する時、指導する時、そして時には注意をする時、その全てにおいて、私たちは子どもへの愛情から出発しなければならないと思います。反対に、たとえば、決して世間の評判の方を愛してはならないと思います。子どもへの愛情から出発していれば、子どもの不完全さにも反抗にも、苛立たずゆとりを持って、慎重に言葉を発し、穏やかな態度を取ることができると思います。そのようにして育てられた子どもは、きっと伸び伸びと自信をもって大きく羽ばたくことでしょう。

私たちは、子どもたちに惜しみなく愛情を注ぎ、皆様と敬意を持って議論し、そして絆を強くしていきたいと思います。どうか皆様もよろしくお願いいたします。

保護者と教師の会総会での挨拶（2012年4月28日）

保護者に見せたい子どもたちの姿

本校の伝統行事とは何かと問われて、誰もが迷いなく第一番目に「荘生活！」と答えることでしょう。それくらい一宇荘と至楽荘での生活は長年本校に受け継がれてきました。長く続くということは、荘生活に意味があるからに違いありません。どのような意味があるでしょうか。本校のホームページはその意味について「豊かな自然の中で共同生活を行い、互いに支え合いながら、心身の成長や生きる力を育むことです。」と解説しています。この解説は的を射ています。しかし、ホームページの性格上抽象的です。本小稿では三つの具体例を示しながら、荘生活の意味を子どもたちの姿を通して考えてみたいと思います。

林間学校である一宇荘生活で行う活動に、火起こし・食事作り活動があります。焚き付け用の新聞紙、細い薪、そして太い薪へと火を段階的に移していき、料理に十分な火力を得るにはちょっとした工夫が必要です。低学年ほどかなりの子どもたちが火起こしに苦労します。このような時に、うちわで扇ぐ子、枯れ枝を集める子、新聞紙を調達する子などが現れ、時には1時間もの悪戦苦闘の末、十分な火力を得ることができます。できた料理を食べている姿は達成感に満ちています。「おいしい?」と聞くと誰もが「おいしい!」と笑顔で答えます。お裾分けをいただいた時「とてもおいしいですよ」と言うと本当にうれしそうな顔をします。子どもたちは料理のたいへんさと楽しさを実感し、一歩進んで日々料理を作ってくれる人への感謝の気持ちを自然に抱くというのがこの活動の意味のようです。

6年生の一宇荘生活では標高2530mの蓼科山に登ります。標高1900mの七合目から頂上を目指しますので、垂直にして630mを登ることになります。ここの登山道は大きな岩場もあり、角度が急ですので6年生とはいえ小学生にはきつい登山となります。中には体力の弱い子がいます。高所恐怖症の子もいます。このような時に、少々ゆとりのある子の中から誰の指示を受けなくても励ましの声をかけ、手を引き、リュックを持ってあげる子どもたちが現れます。助けてもらった子が何とか頂上に着いた時、感動のあまり助けた子の方が泣くこともあります。私が素晴らしいと思いますのは、自分だって楽ではない状況で、仲間を助けようとする姿です。

5年生と6年生は至楽荘生活で遠泳を行います。足の着かない海原に泳ぎ出るのですから、練習泳ぎの段階で、泳げる子でさえ恐怖のあまり尻込みしてしまう子がいます。仲間が次々に沖に向かっている姿を見ると心の葛藤が始まります。泣きわめく子さえいます。しかし、仲間や先生の励ましを受けて恐る恐る泳ぎ出します。先生やライフセイバーが近くにぴたりと付きますので、不安が次第に安心となります。やがては自信になります。こうして本番の遠泳を始めます。泳ぎながら声を掛け合い隊列を組み、ゆっくり泳ぎます。泣いていた子も声を掛け、泳ぐ速さをコントロールして隊列を整えようとしています。浜に泳ぎ着くとまだ泳いでいる仲間に大声で声を掛けます。泳いでいる子は大声で答えます。浜に上がる仲間を惜しみなく讃えます。感動のあまり先生も遠くで眺めている保護者も泣いています。このようにして、子どもたちは絆を深め自信を深めます。このような姿に解説はいりません。

ある中学校の先生が「附属小金井小学校から来た子どもたちは安心です」と私におっしゃったのは、このような経験の積み重ねがあるからかもしれません。

なでしこだより 第104号（2012年7月10日発行）より

愛情を込めて

1学期を終えるに当り、保護者の皆様には本校の教育方針をご理解くださり、さまざまな形でご協力くださいましたことに、心からお礼を申し上げます。

昨年度のこの時期は、東日本大震災と福島第一原発の事故により、日本全体が騒然としていました。本校もその影響を少なからず受けていました。今日この小稿を書くに当り、当時本校の保護者のお一人お一人がそれぞれのお考えを持ちつつも、最終的にとても冷静に対応なさったことが感動とともによみがえりました。今年に目を転じますと、昨年と違って放射性物質に対するよりは地震や津波をより心配なさっていることが拝察されます。折しも、つい先日3年生は鵜原湾の至楽荘に全員揃って行って来ました。また、5年生と6年生はまさにこれから至楽荘に行こうとしています。これに先立ち、私は、最新の公的な地震・津波予測を基にした安全対策を3年生、5年生および6年生の保護者の皆様にご説明いたしました。また、放射性物質に関しましても、本校の子どもたちが入る海の水は安全であることを、昨年から今年にかけての数回にわたる私自身の測定結果と公的な測定情報を基にご説明いたしました。幸いなことに、保護者の方々から安心したとのお言葉をいただき、たいへんありがたく思っております。

地震と言えば、本校の建物が安全かどうか不安に思っている方もいらっしゃるかと存じます。過日、本学の施設課に行って本校の校舎の耐震性に関するデータを調べました。その結果、本校のどの建物もＩｓ値（構造耐震指標）は0.7以上でした。耐震改修促進法で、このＩｓ値が0.6以上であれば「地震の震動及び衝撃に対して倒壊し、又は崩壊する危険性が低い」と評価されています。本校のどの建物も0.7以上ですので十分な耐震強度があると判断できます。どうかご安心いただきたいと存じます。

さて、話は変わりますが、夏休みは保護者の皆様とお子様が一緒に過ごす時間を長く持てる絶好の機会です。日々の生活の中で愛情を込めて話し、愛情を込めて褒め、時に愛情を込めて叱り、愛情を込めて見守ってあげていただきたいと思います。愛情は子どもの成長にとって最高の栄養です。

小金井だより（2012年7月13日発行）「1学期を終えて」より

学校行事の意味

46日間にわたる夏休みが終わりました。お子様方はこの期間どのような体験をしたのでしょうか。きっとたくさんの楽しい思い出を作り、それを胸に登校したことと思います。そしてこれから、教室であるいは食堂で、夏休みにあったこと、出会った人などについてお友だちと楽しく語り合うことでしょう。もしできることなら、私は一人一人にそれらについて聞いてみたい気がいたします。

これから2学期という日常に戻りますが、本校には日々の学習だけでなく、いろいろな任務や行事があり、そのたびごとにお子様の力を借り、あるいはお子様の意欲に期待することになります。9月早々に教育実習が始まります。これにはお子様の協力が不可欠です。中旬と下旬には6年生の一宇荘生活があります。10月にはなでしこ運動会、11月には音楽会があります。これらの行事にはお子様の意欲が大切です。

このように行事が多いと、学校で勉強する時間が少なくなることを危惧なさる保護者の方もいらっしゃるかもしれません。もちろん勉強はとても大切ですが、お子様が将来自分の人生を自分で切り開いていくためには、単に学力だけでなく、人との関わりの中での他者の気持ちへの配慮、親切心、協調性、適切なリーダシップ、状況判断力、責任感などが大切です。これらは言うまでもなく、教科書での勉強だけから身につくものではありません。上に挙げた本校の行事は、それらを身につける絶好の機会だと思います。

2学期の学習と行事に積極的に取り組むことによって、お子様方がさらに成長することを願っております。

小金井だより（2012年8月29日発行）「2学期を迎えて」より

子は親と遊んでこそ

親にとって、子どもと一緒に野山で遊んだり、海や川で遊ぶことは、とても楽しいことです。日々の生活に張り合いが出ます。明日の仕事の大きな活力にもなります。

では、そのような親との自然の中での遊びは子どもにどのような影響を与えるでしょうか。その問いに対する興味深い答えを、平成23年11月に出版された国立青少年教育振興機構の調査報告書が明示しました。この報告書は、「青少年の体験活動等と自立に関する実態調査」の報告書であり、その一部で、子どもの自然体験とその後の意識形成との関連について論じています。ここには以下のような調査結果が載っています。

自然体験が豊かなグループ（Aグループ）の子どもたちは、「困ったときでも前向きに取り組む」と強く思う割合が、自然体験が乏しいグループ（Bグループ）の子どもたちの3.8倍でした。

また、Aグループの子どもたちは、「わからないことは、そのままにしないで調べる」と強く思う割合が、Ｂグループの子どもたちの3.4倍でした。

さらに、Ａグループの子どもたちは、「勉強は得意な方だ」と強く思う割合が、Ｂグループの子どもたちの5.4倍でした。

これらから、子どもの前向きな意識形成にとって、親との関わりが深く、自然体験が豊かなことの大切さがわかります。この観点から、本校の子どもたちの保護者および卒業生の保護者の皆様には、より一層お子様と自然の中で遊ぶ機会を増やしていただきたいと思います。とは言え、勉強ができる子になるようになどと下心を持って無理に遊ぶとうまくいかないかもしれません。そうではなく、子どもとの遊びに夢中になり過ぎて、「まったくー、うちの親は大人げないんだから！」などと子どもに言われたらしめたものかもしれません。

「撫子の会」会報13号（２０１２年10月発行）より

雑談力

平成24年が終わろうとしています。今年の2学期も、子どもたちの成長を実感する喜びを、保護者の皆様と共有する幾つかの機会に恵まれました。たとえば、「なでしこ運動会」では、全力を出して走る姿、練習につぐ練習に裏打ちされた見事なダンスや応援合戦、調和のとれた組み体操などが今でも目に浮かびます。また、「なでしこ音楽会」では、本番で練習通りにできるかという不安を克服して、見事に演奏し、歌いました。私はこれらすべてに大きな感動を覚えました。保護者の皆様もきっと同じことと思います。子どもたちは、このような行事を通して、努力すること、協力すること、互いに思いやることの大切さを学んだに違いありません。

終業式の後は、いよいよ子どもたちが楽しみにしている冬休みです。冬休みは子どもがいろいろな人たちとの対人関係の結び方を学ぶ絶好の機会です。なぜなら、年末行事やお正月には、普段顔を合わさない人たちと会う機会が増えるからです。そのような人の中には、親戚の人、保護者の友人、近所の人などが含まれるでしょう。子どもたちは、自分の保護者がこれらの人々との雑談の中で、親しさの程度に応じて言葉や態度をどう使い分けて接しているかを間近に見聞きします。言い換えれば、どのような距離感で接しているかを見ます。コミュニケーション能力に関して、このような場面での雑談ほど教育効果の高いものはないと思います。是非お子様の前で、お子様の存在を忘れるほどにたくさん雑談を楽しんでいただきたいと思います。

私は、学校での子どもたちの雑談によるワイワイガヤガヤの騒がしさが好きです。なぜなら、この騒がしさは子どもたちが健全に人間関係を築いていることを表していると考えるからです。「時と場所をわきまえて」が前提ですが、子どもたちにも雑談を大いに楽しんでいただきたいと思います。そして私たち大人も、学校において保護者と保護者、保護者と教職員、そして教職員と教職員が楽しく雑談すると良いと思います。これら大人たちの姿を日々何気なく見ることによって、子どもたちが無意識のうちに健全な人間関係を築く一助としてほしいと願います。子どもたちは私たちの日常を見て成長しています。

冬休み明けに、雑談力の増した子どもたちに会えることを楽しみにしています。

小金井だより（２０１２年12月21日発行）「２学期を終えて」より

自己肯定感を持たせるには

あけましておめでとうございます

保護者の皆様におかれましてはお健やかに新年をお迎えになられこととお慶び申し上げます。

3学期は、登校日が50日ほどしかなく、短い期間ですがそれぞれの学年の締めくくりとして、大事な学期です。お子様が1年間を振り返った時、自ら良く頑張った、良く成長できた、と思えるようにしてあげることが、私たち大人の大切な役目だと思います。言葉を変えれば、お子様が自分を肯定的に見ることができるようにしてあげることが私たちの務めです。自己肯定感をもつ子どもは、勉強、運動、芸術などに意欲を持ち、失敗を恐れず、最後までやり遂げようとします。このような子どもに育てるにはどのようにしたら良いでしょうか？　私は特別なことをしなくても日常生活の中でできると考えています。つまり、ほめること、けなさないこと、親子で一緒に遊ぶこと、です。学校でも家庭でも、私たち大人の日常の意識一つで、子どもたちは良くもなり悪くもなると思います。

3学期が終わった時、お子様が1年間良く頑張った、良く成長できた、と自ら思えるよう、私たち教職員は手助けしたいと考えています。お子様の成長が私たちの何よりの喜びです。保護者の皆様、どうか私たちとコミュニケーションを豊かにして、共に子どもたちの成長をより一層高めてまいりましょう。よろしくお願いいたします。

小金井だより（2013年1月8日発行）「3学期を迎えて」より

稲葉先生

私の小学1年生の時の担任の先生は稲葉昌子先生とおっしゃいます。私が1年生の時には学校給食がなく、皆お昼にはお弁当を持参しました。稲葉先生は、おかずの少ない子どもやおかずを先に食べてしまった子どものために、桜色をした甘くておいしいおぼろを用意してくださっていました。私はそれをご飯にかけて食べるのが好きでしたので、時々いただいていました。

あの時から40年後の同窓会の時に、私が稲葉先生に懐かしさとともに感謝の気持ちをお伝えしましたところ、先生はおぼろのことを全く覚えていらっしゃいませんでした。私は、先生って何て素晴らしいんだろう、と思いました。「かけた情けは水に流せ、受けた恩は石に刻め」という格言を自然体で実践していらっしゃるのだなぁと感動しました。

かくして、私は小学1年生の時から55年の歳月が流れた今でも、稲葉先生のお宅に伺ってはチョコレートやお菓子などの「情け」をいただいています。そして私は、そのご恩の数々をこれからも石に刻み続けていくのです。うれしいことです。

なでしこ　第54号（2013年3月1日発行）より

親の二つの役目

子どもに対する親の役目はたくさんあります。しかし、その種類は大きく二つに分けられると思います。一つは、衣食住を用意し、健康と安全を図り、規範意識を養い、社会で豊かに生きていくための教科、芸術、スポーツなどの教育を施すことです。しかも親心としてそれらを質的により良いものを与えようとします。これらを列挙しますと、親としてもうこれ以外に子どもにしてあげるものは何もないと考える方も多くいらっしゃると思います。しかし、もう一つたいへん重要な役目があります。それは、子どもの隠れた素質を見出し、理解し、サポートすることです。

一言でそのように言っても、実際には結構むずかしいことです。そのむずかしさは、スポーツを例に考えるとわかり易いかもしれません。たとえばサッカー選手の半生を例に取ります。足が速く、ドリブル、パス、シュートともに際立って上手な選手は、誰が見ても素質豊かな小学生だとわかります。そのため将来トップレベルの選手としてワールドカップで活躍することが期待されるかもしれません。そして実際そうなったとします。この人をAさんとします。一方、トップレベルではないけれど、サッカー好きの努力家で、やっとのことでJリーグの選手になれた人がいたとします。同時に、その小学生は理論的に思考することができ、リーダーシップに優れているという目には見えない素質があったとします。この人をBさんとします。Aさんはスター選手として長年活躍し、サッカー界をリードしました。一方Bさんは、選手としては活躍できませんでしたが、早期引退後にJリーグの組織運営に才能を発揮し、サッカー界をリードしました。つまり、二人とも異なるやり方でサッカー界に大きく貢献しました。

AさんとBさんが小学生の時、Aさんの優れた素質に気づき、賞賛し、サッカー選手になるように後押しするのは簡単です。一方Bさんの将来を予見するのはむずかしいでしょう。したがって、Bさんには別の道を勧める親が多いのではないでしょうか。しかし、親がBさんのサッカーへの意欲、論理的思考力、リーダーシップなどの素質に気づき、試合そのものだけでなくサッカー界全体のことを少し調べてわかっていれば、Bさんの志を簡単には否定しないだろうと思います。

このたとえ話から、私たちは何を学べるでしょうか。どの分野であれ多くの子どもはAさんのように明確な才能を示すことはほとんどありません。Bさんは論理性とリーダーシップの素質があるのですから、親が別の道を無理矢理勧めても、そこそこの人生を送れたかもしれません。しかしその場合、Bさんは自分の人生に物足りなさを感じたことでしょう。ここでのポイントは、Bさんがサッカーを好きであったために、彼の素質と相まって努力をし続けられたことです。したがって、親としての役目は、あまり明確でない自分の子どもの素質（換言すれば、才能のサイン）に気づき、やりたいことは何かを理解し、それをサポートすることだと思います。

良い人材を多く輩出してきたカリフォルニア工科大学の神経生物学のある教授は、「あなたはいったいどのような教育を学生にしてきたのですか」と問われて、こう答えていました。「私はただ学生のやりたいことを邪魔しなかっただけですよ。」

なでしこ 第54号（2013年3月1日発行）より《校長だより》

「ありがとう」はなぜ素晴らしいのでしょうか

3学期が終わると同時に、一つの学年が終わります。保護者の皆様にはこの1年間、お子様の成長と安全のために本校に協力してくださいましたことに、心からお礼を申し上げます。お陰さまで、お子様は日常の授業だけでなく、非日常の学校行事を通じて大きく成長しました。とりわけ、6年生の保護者の皆様は6年間を振り返り感慨もひとしおのことと思います。

さて、学期末あるいは卒業の時期になりますと、世の中では1年間あるいは6年間のけじめの言葉の一つとして、「ありがとう」という感謝の言葉がよく述べられます。この言葉はありふれた言葉ではありますが、本当に素晴らしい言葉だと思います。なぜなら、相手の行為をありがたいと受け止める謙虚な心が、「ありがとう」に反映されていると考えるからです。

本校の子どもたちには、それぞれの保護者に対し日々の養育を感謝する言葉を述べられるようになってほしいと願っています。進級祝いや進学祝いをもらった時に「ありがとう」と言うのはやさしいですが、日々の生活の中での恩恵は、日常的過ぎてありがたさにあまり気づかないかもしれません。それは自然なことかもしれませんが、一歩進めて是非「ありがとう」と言ってほしいものです。

「ありがとう」の大切さは、私たち大人にも当てはまります。衣食住が足りていること、主婦という職業も含め立派な職業を持っていることは、一見当たり前のようですが、誰にとってもそこに至るまでに多くの人の助けがあったからに違いありません。このような学期の節目に、改めて感謝の気持ちを持つことはとても素敵なことではないでしょうか。

私もこの小学校で、子どもたち、保護者の皆様、教職員からたくさんの助けをいただきました。ありがとうございました。心からお礼を申し上げます。1～5年生にはまた来年もお世話になります。6年生は中学校という新天地で大きく成長していただきたいと思います。そして、それぞれの環境の中でいつも謙虚な気持ちでたくさん「ありがとう」と言ってほしいと思います。

小金井だより（2013年3月19日発行）「今年度を終えるにあたって」より

保護者と教員のコミュニケーション

例年より早めの春の中で新年度がスタートしました。初々しい1年生は喜びと緊張感を持って入学することでしょう。私も喜びとともに心から歓迎いたします。新2年生から新6年生の皆さんは進級後の期待を胸に、新たな学校生活を始めます。子どもたちによっては、新しいクラスメートと新しい担任との出会いがあります。どの子どもたちにとっても、これからの1年間、勉強、運動、学校行事などに積極的に取り組み、楽しく充実した学校生活を送ってほしいと思います。そのために、本年度も本校は全教職員力を合わせて、精一杯お子様の教育に取り組む所存です。

小学校の教育においては、私たち教職員にとって、子どもたちとのコミュニケーションだけでなく、保護者の皆様とのコミュニケーションも同じように大切だと考えております。したがって、ご来校の折りにはどうぞ遠慮することなく、どんなことでも話しかけてください。何気ない会話は人と人との最高の潤滑油です。また、何かお困りになった時や疑問に思った時には、遠慮なくお問い合わせをいただきたいと思います。たとえば、保護者の考えと教員の考えが違った時、一番困るのはその間にいる子どもたちです。本校は子どもたちを第一に考えます。子どもたちの伸び伸びとした成長のために、保護者の皆様と私たち教員が互いに敬意を持って協力して参りましょう。どうかよろしくお願いいいたします。

小金井だより（２０１３年４月８日発行）「新年度を迎えて」より

子どもたちに見せたい保護者の姿

保護者の皆様のご理解とそれに基づくご寄付があったことにより、平成25年度の2学期から本校の全普通教室が冷房化される見通しとなりました。とてもありがたいことです。ただ、冷房化された後に入学して来る児童と保護者は、冷房化されている教室を見ても何の感慨も持たないことでしょう。しかし、実は、平成24年度において、子どもたちに見せたくなるような保護者によるすばらしい議論がありました。その議論は、全普通教室の冷房化をできるほどの寄付金が短期間のうちに集まったことの大きな要因の一つであったと、私は理解しております。その議論は永く記録に留める価値があります。

平成24年11月17日（土）の学校役員会おいて、学校役員幹事会で立案した教室冷房化とそのための寄付金依頼の方針が、会長さんから学級代表の方々に説明されました。そして、副会長さんによって実現のための細かな日程や予想される経費が説明されました。説明内容は本校児童への健康と勉学への配慮がなされ、本校と大学の諸事情を考慮した上での良く練られた案であることが伝わって来ました。したがって、当日の学校役員会で、教室冷房化の案は異論なく承認されても不思議ではないと思われました。しかし、学級代表の方々から、以下のような幾つかの意見が出されました。①冷房化自体は反対ではないが、今回の提案はあまりにも唐突な提案のように保護者の方々に受け取られ、学級に持ち帰って説明しても理解されないのではないか、②学級に持ち帰って説明する学級代表者が、反対の矢面に立たされるのではないか、③直ぐに卒業してしまう高学年の保護者の方々に不公平感が生じるのではないか、④小金井だより等で説明文を配布していただくとともに、じかに説明していただく機会を設けた方が良いのではないかなどです。その一つ一つに会長、副会長をはじめ幹事の方々は丁寧に答えました。

私が本校の子どもたちに見せたいと思ったのは、このような学級代表の方々と学校役員幹事の方々の議論の場面そのものでした。その場面では、学級代表の方々は、幹事の労をねぎらい、他の学年の学級代表にも配慮しつつ、冷房化への理解を示した上で、しっかりと右記のようなご自分の意見を述べました。しかもその意見は、ご自分の個人的な都合ではなく、学年全体、学校全体を考えての意見でした。一方幹事の方々も、押し付けがましいところはなく、学級代表の方々の意見に耳を傾け、できるだけ歩み寄ろうという姿勢が感じられました。

幹事の方々も学級代表の方々も、終始このような姿勢でしたので、時間は要したものの会が紛糾することなく、最終的には両者の意見がうまく取り入れられた形で冷房化へ向けての第一歩を踏み出すことができました。

私見ではありますが、この学校役員会で、すんなりと全会一致で決まらなかったことが結果的に良かったと私は思います。多くの日本人は全会一致でないと気持ちが落ち着かない傾向にありますが、さまざまな考えの人がいる集団では、むしろ全会一致は不自然ではないでしょうか。異論を許さない集団、一種の熱情に動かされている集団ほど危険なものはありません。歴史的に、異論を許さない独裁政権の末路を見れば明らかです。その教訓から、「全会一致は無効である」という考え方が生まれました。異論を述べ合い、異論に敬意を払うことは、民主主義の根本です。本校の保護者の方々は、その根本に従い、歩み寄り、一致点を見出だすことのできる集団であることが証明されました。私は本校の保護者を誇りに思います。

かくして、本校の全普通教室が冷房化される見通しが立ちました。それぞれのお立場で多くのご苦労があったと思います。そのご苦労に感謝しつつ、私は学校役員幹事、学級代表、そして保護者の皆様お一人お一人に敬意を表したいと思います。

なでしこだより 第106号（2013年7月4日発行）より

子育てのワンポイント

1学期の最大の行事は入学式です。新しく1年生をお迎えして、教職員は大きな喜びと責任を感じます。本校ではその後、2年生から6年生による「1年生を迎える会」があります。この時の様子は、つい先日発行された「なでしこだより第106号」の2ページ目に活写されています。加えてその下欄にこの会に参加した1年生保護者の感想が書かれています。その短い文章の中に、保護者としての喜びと期待が凝縮されています。しかも温かい筆致で書かれており、私は感動しました。

その1年生も1学期を終えて随分たくましくなったと感じます。2年生から6年生も、日々の授業ばかりでなく学校行事を通して、それぞれの年齢に応じて成長しました。私はそのような姿に接した時、大きな喜びを感じます。

　ところで、保護者の方から子育ては難しいと時々お伺いします。子どもの特長や性格には個人差がありますので、方程式はないのが子育てだと思います。ただどのような子育てであれ、子どもに対する親のはたらきかけの根底には深い愛情がなければならないと思います。

　子育てで意外に難しいのは、子どもの成長に応じた助言・助力です。まだ十分に成長していないのに助言・助力が少ない場合、逆に十分に成長しているのに助言・助力が多過ぎる場合、それぞれ子どもは不安と戸惑い、うっとうしさと強迫などの感情をいだきます。これらの感情はストレスです。そのストレスは子どもに問題行動として現れます。したがって、親の力加減が大切だということになります。このことを下に概念的に図示しました。年齢とともに子どもは確実に成長しますので、その成長に見合った助言・助力をすれば、子どもは自己肯定感を持った明るく前向きな性格の大人に成長すると思います。

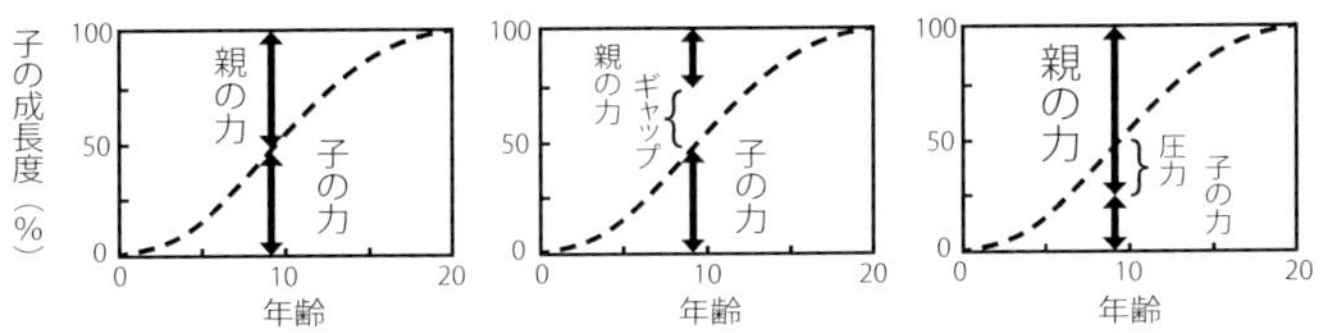

A）バランスの良い子育て　B）子への無関心　C）子への過干渉

子どもの成長曲線と子育ての関係
子どもの健全な成長には成長度に応じた親の力が大切であることを概念的に示しました。ここで、親の力とは、親の関心・助言・助力を意味します。

夏休みはお子様を知る絶好の機会です。どうか、可能な限り一緒に旅行したり遊んだりして、お子様の成長ぶりを知っていただきたいと思います。

小金井だより（２０１３年7月12日発行）「1学期を終えて」より

子どもへの敬意、子ども同士の敬意

お子様方は夏休みの間どのように過ごされたでしょうか。きっと海や山をはじめ学期中ではなかなか行くことができない場所に行き、たくさんの楽しい体験をしたことと思います。保護者の皆様もお子様とそのような体験を共有し、ご家族の絆を深められたのではないでしょうか。

例年ですと、２学期の９月中旬ごろまで教室内は暑い日が続きます。しかし、在校生と卒業生の保護者の皆様のご寄付のお陰で、この夏休み期間中に全普通教室の冷房化の工事が完了し、９月２日（月）から使用できることになりました。これにより、快適な環境で本校の子どもたちが勉強に集中できるようになりました。２学期を迎えるにあたり、改めて保護者の皆様に心からお礼を申し上げます。

ところで、教室の快適な環境とは物理的な温度だけではありません。心理的な環境も大切です。つまり、良い雰囲気が大切です。良い雰囲気作りには、まず第一に、教員が児童一人一人に敬意を払い、個性を尊重し、愛情をもって接することが大切です。そしてもう一つ大切なのが、児童間の人間関係です。教室という集団生活の場では、さまざまな考えと生活習慣をもった児童が一緒に過ごします。したがって、児童同士も互いに敬意を払う必要があります。しかし、そのような態度は誰しもが生まれつき持っているのではなく、教育によって持つようになるのだと思います。私たち教員の大切な仕事の一つは、間違いなく「他人に敬意を払う考えと態度を児童に自ら示し、教えること」です。

このような考えのもとに、２学期もお子様のために働きたいと考えております。

小金井だより（２０１３年8月28日発行）「2学期を迎えて」より

本校教育の最大の特徴

おはようございます。私は本校校長の飯田秀利と申します。よろしくお願いいたします。

本日は本校に関心を持ち、学校説明会にお越しいただきましてありがとうございます。心よりお礼を申し上げます。早速学校のご説明に入りたいと思いますが、詳しく具体的なご説明は私の後に上映されるＤＶＤと副校長の関田義博がいたしますので、私は本校教育の最大の特徴を簡略にご説明いたします。

本校の教育目標は三つあります。すなわち、明るく思いやりのある子、強くたくましい子、深く考える子、です。これをお聞きになりますと、小学1年生にもわかるよう易しい言葉で書かれていますので、平凡な目標だなとお思いになる方もいらっしゃるかもしれません。しかし、本校では、この三つの教育目標に深い意味を込めております。

たとえどんなに勉強ができても、また大人になって仕事がどんなに良くできても、思いやりがなければ周りから信頼される人にはなれません。また、心身ともに強くなければ、直面する困難を乗り越えることは難しいです。さらに、深く考えられなければ、問題点を見極め、課題を解決することは容易ではありません。私たちは、子どもたちが将来このようなことのできる人になれるための基盤を作れるよう、努力したいと考えております。

では、小学生時代にその基盤を作ってあげるにはどのようにしたら良いでしょうか。方法は幾つかあると思いますが、本校では、子どもたちに自然体験を豊かにしてあげる、という方法をとっております。具体的には林間学校や臨海学校を多く取り入れ、正規の授業として子どもたちに自然の中で登山、遠泳、自然探求をしてもらいます。今日お越しの皆様の中には、自然体験よりは教室の中でもっと勉強させるべきではないかとお思いになる方もいらっしゃるかもしれません。しかし、国立青少年教育振興機構の調査報告（平成23年）によれば、自然体験の豊かな子どもたちは、(1) 困ったときでも前向きに取り組む、(2) わからないことは、そのままにしないで調べる、(3) 勉強は得意な方だ、と思う割合が、自然体験の乏しい子どもたちよりも、数倍多くなっています。したがって、本校の教育は、日々の工夫された授業に加えて、豊富な自然体験を通じて、将来子どもたちが自己肯定感を持ち、前向きで、思いやりがあり、困難を乗り越えられる人となるための基盤を作っていると言えます。

どうかこのような本校教育の特徴をご理解の上、お子様に本校を受験させていただきたいと存じます。最後に、お子様方の健やかなご成長をお祈りして、私のごあいさつを終えたいと思います。ありがとうございました。

学校説明会（2013年9月14日）での「校長あいさつ」より

子どもの良いところを積極的に探す

平成25年が終わろうとしています。この1年間、本校へのご理解とご協力を下さいましてありがとうございました。心からお礼を申し上げます。

保護者の皆様にとって、この1年間はどのような年でしたでしょうか。お子様の養育などで日々忙しい中でも、きっとお子様の成長を実感できたことと思います。私もそのような実感を持ちました。たとえば、二つの例を挙げますと、1年生は入学したての4月と比べて、今は自立的な行動をかなり取れるようになり、集団の中で協調的な行動を取れるようになってきました。廊下で私に出会った時には、丁寧なあいさつをしてくれます。これらの行動は精神的な成長を遂げた証だと思います。そのような姿に接した時、とてもうれしい気持ちになります。また、6年生は11月の入学調査の際に、受検するお子さんを優しく丁寧に誘導しました。6年生は状況に応じた立ち居振る舞いをきちんとしていたことが見て取れただけでなく、責任感の強さと優しさを感じました。私は6年生をたいへん誇らしく思いました。紙面の都合で2年生から5年生の例を書けませんが、皆それぞれに成長を感じることができ、私はうれしく思いました。

ただ、1年間の中には良いことばかりではありませんでした。たとえば、成長期の子どもには程度の差こそあれ誰にでもあることですが、ちょっとしたけんかや意地悪な行為がありました。このような時、私たち大人はどのような心で子どもたちに接すれば良いでしょうか。もちろん「悪いことは悪い」ときちんと言うことは大切ですが、けんかや意地悪の原因を物静かに聞くことも大切だと思います。それらの行ないの裏に、言葉では言い表せない子どもたちの苦しみがあるかもしれません。その苦しみを理解してあげたら、けんかや意地悪はやがて自然消滅すると思います。その理解に加えて、けんかや意地悪をした子どもの良いところを積極的に探してはいかがでしょうか。私たちは、他人の悪い点を見たとき、それに捕われて、良い点を見失いがちです。この見失いが事態を悪化させるように私には思えます。

したがって、子どもたちを注意する時は、学校でもご家庭でも、悪い点を指摘すると同時に必ず良い点も指摘してあげると、子どもたちは「自分はダメな子だ」、「自分は価値のない子だ」と思わないで済むと思います。言い換えますと、大人が子どもの人格を否定しないで済むと思います。

これから迎える年末年始のまとまった休日は、お子様と密に接し、お子様の姿を見る機会が多いと思います。どのような場面でも、どうかお子様の良いところを積極的に探していただきたいと存じます。平成26年が皆様にとって実り多く平和でありますことをお祈りいたします。

小金井だより（2013年12月20日発行）「2学期を終えて」より

ほめ言葉は子どもの心のエネルギー

あけましておめでとうございます
保護者の皆様におかれましては健やかで平和な新年をお迎えになられこととお慶び申し上げます。
年末年始の休日にはお子様といかがお過ごしになられたでしょうか。きっと、普段の日常生活ではお気づきにならないお子様の良い点を幾つもみつけられたのではないでしょうか。

子どもたちは確実に良いところをたくさん持っています。しかし、子どもたちに「自分の良いところは何ですか？」と聞きますと、なかなか答えられない子が多いことに気づきます。その子どもたちには良いところがない、というのではありません。答えられない理由は二つあると考えられます。一つ目は、自分の良い悪いを意識することなく天真爛漫に子どもらしく生きている場合です。二つ目は、子どもに良いところがあったとしても親や教員からほめられた経験があまりない場合です。一つ目の場合でしたら、むしろ健全で望ましいと思います。二つ目の場合でしたら、その子は気の毒です。

私は子どもをほめることで大きな喜びを感じる時がしばしばあります。たとえば、6年生との会食の時がそうです。12月から2月にかけて、応接室で毎日8人ほどの6年生と会食をします。会話の中で、ものの考え方、ものの捉え方、礼儀などで優れた面が垣間みられます。その時心からほめます。そうしますと、とても良い表情になります。うれしさ、満足、はにかみが混ざったような、すてきな顔です。このような顔を保護者の方に見せてあげたいと心から思います。

子どもの良いところに気づき、ほめ、さらにそれを伸ばすのは大人の大切な役目だと私は思います。ほめ言葉は子どもの心のエネルギーです。そして、ほめ言葉は子どもの自己肯定感を高めます。年の初めに、子どもたちが、伸びやかで、積極性と自己肯定感を持った人へと成長することを祈ります。どうか保護者の方も、昨年よりも一層お子様をほめていただきたいと存じます。

小金井だより（２０１４年１月８日発行）「３学期を迎えて」より

稲葉先生　～続編～

昨年の教員随想の欄に「稲葉先生」という題の随想を載せていただきました。今回は、稲葉先生に関する続編です。

稲葉昌子先生は、私が小学1年生の時の担任の先生です。1年生の私にも、稲葉先生がやさしく思いやりのある先生であることは、感覚で十分にわかっていました。それがわかるエピソードの一つを昨年のこの欄に載せていただきました。実はその他にもいろいろとエピソードを覚えています。入学したての頃ブランコを押して下さったこと、学芸会でなかなか台詞を覚えられない私を丁寧に指導して下さったこと、校内マラソンで褒めて下さったことなど、今でも鮮やかに蘇ります。

一方、稲葉先生の授業が良かったのかどうかは残念ですが覚えていません。もともと子どもはそのようなことは意識しませんし、良かったとしても当たりまえと捉えるものです。

しかし、それに対する答は、今でも私の耳に残っている当時の母と祖母の昼食時の会話から推測できます。母曰く、「稲葉先生は良い先生ですね。でも、今度よその学校へ転勤するそうですよ。残念ですね。」

なでしこ　第55号（2014年3月1日発行）「教員随想」より

あまえ、おしゃべり、ふざけ合い

表題の三つの言葉を見て、良いイメージを持つ人は少ないかもしれません。しかし、私は子どもの成長にとってこの三つがとても大切だと考えています。

「あまえ」を子どもはどのような時にするのでしょうか。子どもは、あまえる時、信頼できる人だと無意識のうちに判断した相手にだけあまえるはずです。また、もしあまえたらそれを許し、応えてくれる人だと期待しているからあまえるのだと思います。あまえられる人は、子どもからそのような信頼できる人だと判断されたのですから、大いに喜んでよいと思います。そして十分に期待に応えてあげたらよいと思います。ところが、世の中の多くの人は、「あまえ」は良くないことであり、大人が子どもをあまえさせると、子どもは将来ろくな人にならない、と考えているようです。それは間違いです。子どもが心を許した人にあまえたい時にあまえられず、気持ちを無視され、突き放された時、その子はどのように感じるでしょうか。おそらく、その子は、人を信じることを止め、猜疑心と反抗心を持つ人に成長することでしょう。

この図式は盲導犬の育成を例に考えると良く理解できます。盲導犬としての訓練の前に、子犬は里親に預けられ、その家で飼い主からたっぷりの愛情を注がれ育てられます。この期間中、子犬は飼い主に十分にあまえることができます。こうすることにより、子犬は人を信頼し、人に接することの喜びを体得します。訓練はその上で訓練士から受けます。子犬時代の経験から、訓練中の犬は訓練士を信頼し、訓練士に喜んで従えるようになっています。したがって、教えられる事柄を素直に学びます。犬でさえそうなのですから、複雑な精神活動をできる人の子どもの場合はなおさら「あまえ」が重要だということがわかります。子ども時代に十分にあまえることのできた子は、親や先生ばかりでなく、出会う人々に臆することなく接することができ、人を信頼し、新しいことを積極的に学べます。ある著名な児童精神医学者も、どんなにあまえさせても子どもが悪くなることは絶対にない、と言い切っています。むしろあまえさせなかった場合の弊害を説いています。私はこの言葉どおりだと思います。

「おしゃべり」を子どもはどのような時にするのでしょうか。それは、子どもがリラックスしている時、そしてリラックスしたい時です。特に「リラックスしたい時」に子どもはおしゃべりを始めることを、私たち大人は理解していることが大切だと思います。学校で子どもたちの生活を見ていますと、絶えず緊張を強いられています。ずっと緊張しっぱなしでは、神経がもちません。授業中、式典の最中、公共の狭い空間などではおしゃべりしてはいけませんが、それ以外の場面でしたら、少し大目に見てあげるのがよいのではないでしょうか。おしゃべりで気分転換し、次の緊張する場面に備え、加えて友情を深めることができます。ところが人によっては、子どものおしゃべりの声を「騒音」と受け取る人もいるようです。私には「音楽」に聞こえます。

「ふざけ合い」を子どもはなぜするのでしょうか。それは友情を確認し深めたいからだと思います。ふざけ合いには二種類あります。言葉のふざけ合いと行動のふざけ合いです。どちらのふざけ合いも、時には大人からみると危険に感じる時があります。たとえば、相手にわざと罵声を浴びせたり、乱暴な口の利き方をします。また、叩いたり、突き飛ばしたり、追いかけたりします。これらを聞いたり見たりした時、大人は大丈夫なのかとハラハラします。しかし、多くの場合、このようなやりとりを互いにすることによって、どこまでなら言ってよいか、どの程度なら叩いてよいかを学んでいきます。言い換えますと、子どもたちはこれらのふざけ合いを通して他人との距離感を体得していきます。子ども時代にこの距離感を学んでいますと、他人の感情を害しませんので大人になった時でも友情を育むことができます。

子ども時代に十分にあまえ、おしゃべりし、ふざけ合えた子どもは幸せです。この小稿を読んでいらっしゃる方はきっとそのような子ども時代を過ごされたものと思います。ただ、その経験が当たり前過ぎて覚えていないかもしれません。それも幸せなことです。

なでしこ　第55号（2014年3月1日発行）「巻頭言」より

自立への手助け

一つの年度が終るのはとても感慨深いことです。まず年度初め。初々しい姿の1年生、最高学年としてしっかりやるぞという意気込みが感じられる6年生、一学年上がり緊張した面持ちの2年生から5年生。その新鮮な姿が今でも目に浮かびます。その後の一年間、日々の授業だけでなく、遠足、荘生活、運動会などを通して、子どもたちは心身ともに成長したと思います。保護者の皆様にはこの一年間本校にさまざまな形でご理解とご協力をいただき、ありがとうございました。心からお礼を申し上げます。

今年度を終えるにあたって、学校の役割は何かを皆様と改めて考えてみたいと思います。言うまでもなく、学校は子どもたちに勉強を教えるためにあります。しかし、子どもたちの悩み、苦しみ、喜び、成長などの経過を継続的に見ますと、学校の別の重要な役割が見えてきます。それは、子どもたちを自立させる、ということです。

教科の勉強は自立のための必要条件の一つです。他にも必要条件がいくつかあります。その中で最も重要だと思いますのは、人との関わり方を学ぶことです。この学びは、他者を理解すること、自分の感情と欲求を押さえること、を要求します。これらを実行するのは、しばしば大人でも難しいのですから、小さな子どもにはなおさら難しいことです。したがって、子ども同士でいさかいが生じることもあります。このような時、私たち大人はどうすればよいでしょうか。

いさかいが生じた時は、自立を促すための絶好の機会だと捉えると、大人の心にゆとりができます。相手の気持ちはどうだったのか、その時の自分はどんな気持ちだったのかを互いに理解し合う手助けを大人がすれば、大きな教育効果を生むことになります。このような手助けの時、相手を低く見て憎むのではなく、敬意を払うことの大切さを教えることができれば、その子どもたちは自分で問題を解決する術を身につけたことになります。他者との平和な関係を作れる人は、真に自立した人と言えるのではないでしょうか。

今年度の最後に、本校の子どもたちすべてが、他者を自分のことのように愛し、敬意を払い、平和な人間関係を築き、豊かで充実した人生を歩むことを祈念いたします。

＊　＊　＊　＊　＊

なお、私は「1期2年」の任期を2期務めましたので、お名残惜しいですが、規則に従い今年度で本校の校長を退任いたします。4年間本校にお世話になり、深く感謝しております。本校の校長になって本当に良かったと思っております。その最大の理由は、人との出会いです。すばらしい子どもたち、すばらしい保護者、すばらしい教職員と出会うことができました。この出会いは私の一生の宝です。また、「小金井だより」や本校ホームページの「校長だより」を読んでいただいた方々にお礼を申し上げます。たくさんのご感想をいただき、大きな励みになりました。最後に、本校関係者の皆様全員の益々のご発展を心よりお祈り申し上げます。

小金井だより（２０１４年３月20日発行、６年生保護者には３月14日発行）
「今年度を終えるにあたって」より

3章

教員と教育実習生へのメッセージ

「合う」の意味

今回の研究発表会のテーマは「求め合い、つなげ合い、学び合う子」です。なぜ、「求め、つなげ、学ぶ子」ではないのでしょうか。言い換えれば、なぜ「合う」必要があるのでしょうか。その答えは次のようなものです。

まず「求める」と「求め合う」にはどのような違いがあるのでしょうか。「求める」とは、知ろうとする態度であり、疑問を解決しようとする態度です。このこと自体すばらしい学習態度の一つですが、このとき、教室の仲間と「求め合う」ことにより、より多くのこと、より確かなことを知る機会が増えます。しかも、自分とは違った視点からの疑問も知ることができます。結果として、ある課題に対してさまざまな視点からのより確かで深い知識を得ることができ、共有することができます。ここで大事なポイントは、このようにして得られた知識は教師から授けられた知識ではないということです。児童の独創性を高めることに役立ちます。

次に「つなげる」と「つなげ合う」にはどのよう違いがあるのでしょうか。「つなげる」こととは、自分の持っている知識やアイディアを他者に伝える行為です。このこと自体教室内で普段に見られる行為ですが、ややもするとごく限られた活発な児童だけの行為になりがちです。「つなげ合う」ことを児童も教師も強く意識することで、伝えようとするだけでなく、聴こうとする態度や理解しようとする態度が養われます。言わば、考えのキャッチボールができるようになります。ディスカションの習慣が身に付きます。こうすることによって、自分の考えをまとめる力と発表する力、他者の考え聴く力を養うことができるようになります。

最後に「学ぶ」と「学び合う」にはどのような違いがあるでしょうか。一人で学ぶと浅薄な理解にとどまりがちです。このときもし仲間と学び合うことができれば、あいまいな理解や独りよがりな理解を避けることができるようになります。つまり、理解度が深まります。

以上のようにして、もし「求め合い、つなげ合い、学び合う子」なれたとしたら、大人になった時どのような良いことがあるでしょうか。良いことの典型例はノーベル賞の受賞です。この約10年間で日本人のノーベル賞の受賞者は米国籍の南部陽一郎さんを含め10人にのぼり、日本社会を勇気づけています。一般の人には、ノーベル賞の研究成果は、天才的な人が独自に優れたアイディアで生み出したものだと考えられています。しかし、私の知る限り全くそうではありません。幾人もの共同研究者やライバルたちと日々ディスカションする中で、互いのアイディアを修正し、互いに高めて行く中で素晴らしい研究成果に行き着くことが一般的です。つまり、時には何年にもわたり延べ何十人もの人と「求め合い、つなげ合い、学び合う」ことでノーベル賞までたどり着く訳です。

実際にはノーベル賞とはいかないまでも、「求め合い、つなげ合い、学び合う」習慣は、世の中のさまざまな分野で社会に貢献できる人材を生み出す原動力になるはずです。

このような意図で作られた本書が、ご参加の皆様に少しでもお役に立てましたら幸いに存じます。また、お読みになった後、ご意見とご教示を賜りましたら幸甚に存じます。

最後になりましたが、本研究発表会のためにご協力いただいた多くの方々に厚くお礼を申し上げます。

東京学芸大学附属小金井小学校研究紀要第33集（2011年3月19日発行）より

先生、教諭、笑顔　～それぞれの意味～

おはようございます。今日は教育実習の最初の日ですので、実習生の皆さんに持ってもらいたい三つの大切な心掛けの話をします。その三つ話のキーワードは「先生」、「教諭」、そして「笑顔」です。

「先生」

皆さんはまだ学生です。しかし、ここでは「先生」と呼ばれます。この先生と呼ばれることの意味を深く考えてほしいと思います。世の中にいろいろな職業があります。中には10年、20年と一所懸命努力して、実績が世の中に認められて初めて「先生」と呼ばれる職業もあります。一方、皆さんはまだ何の実績もないのに「先生」と呼ばれるのです。したがって、ここでは「先生」と呼ばれるにふさわしい言葉を発し、行動をとるよう努力してください。昨日までの学生の気分であってはなりません。本校教員の良いところを見習って子どもたちに接し、子どもたちに勉強を教えなければなりません。そのためには、毎日の事前準備がとても大切です。また、毎日一日を振り返って反省すべきを反省し、次の日に活かさなければなりません。

「教諭」

ところで、先ほど私は先生、または教員という言葉を使いましたが、実習生の皆さんが実際に教員となった時、正式な職階の名称は「教諭」となります。この「教諭」という言葉はとても素晴らしいと思います。なぜなら、「教諭」は学校の教員の仕事を良く表しているからです。すなわち、皆さんは教えるだけでなく、諭すことも仕事としてしなければならないのです。大人でもそうですが、子どもも失敗や間違いを犯します。その時に、どうしますか？　怒りますか？　それとも諭しますか？　実は、怒ると子どもにすぐに効果が現れます。即効性があるのです。なぜなら、怒られるのは誰でもいやですから、たとえ良く理解できなくても子どもは言うことを良く聞きます。しかし、これは表面的です。でも怒っている教員はそのことに気がつかず、「おっ、自分は指導力があるなぁ」などと錯覚するかもしれません。でも、それは本当に錯覚に過ぎません。この時子どもは理解していないので、怒る人がいなくなると同じ事をくり返します。一方、諭した場合は、すぐには効果が現れないかもしれません。でも、何度か諭して子どもも良く理解できれば、怒らなくても正しい行動をとるようになります。教育は時間がかかるものです。教育は怒ることではなく諭すことです。どうか、子どもたちを怒らないで諭すことができる教諭になってください。

「笑顔」

最後に一つ実際的なアドバイスをします。それは、子どもに求めることは皆さん自身がちゃんとできるようにしなさい、ということです。たとえば、子どもたちに予習と復習をしなさいと言うのであれば、実習生自身もそれをしなければなりません。また、別の例として、本校には「今月のめあて」というのがあります。子どもたちに今月はこのようなことをできるように目指してほしい、というものです。今月9月のめあては「笑顔であいさつをしよう」です。これを実行してください。「なーんだ、簡単なめあてだなぁ」と思う人もいるかもしれませんが、実は多くの人にとって結構むずかしいようです。大抵の大人は、何かものを頼む時や目上の人に会った時には笑顔であいさつすることができますが、目下の人やあまり顔見知りでない人に笑顔であいさつする人は少ないようです。しかし、本校では9月のめあてで「笑顔であいさつをしよう」と子どもたちに求めているのですから、私たち大人がそのお手本を見せなければなりません。すなわち、どういう時でもまず私たち大人が子どもたちに笑顔であいさつしなければならないのです。

以上、学校の先生としての自覚を持ち、教諭として教え諭すことができ、そしていつでも誰にでも笑顔であいさつすることを実行していただきたいと思います。そうすれば、将来良い教諭となれることでしょう。期待しています。頑張ってください。

教育実習生就任式あいさつの要旨　2011年9月5日（前期教育実習生就任式）
26日（後期教育実習生就任式）

決して怒らず、自分を勘定に入れずに、褒められもせず
～宮沢賢治の三つのメッセージ～

おはようございます。今日は選択実習の学生の皆さんを迎えてうれしく思います。皆さんを歓迎します。私は校長になってから改めて宮沢賢治の「雨ニモマケズ」の詩を読んでみました。そうしたら、宮沢賢治は教職にある者に対して3つのメッセージを送っていることに気づきました。今日の就任式では教育実習生の皆さんに私の気づいたそのメッセージをお伝えしましょう。ちなみに、小学生の皆さん、「雨ニモマケズ」を読んだことのある人はどれだけいますか。手を挙げてもらえませんか。（全校の半数以上が手を挙げた）……こんなにたくさんいるのですか。感心ですね。1年生の中にも読んだことがある人がいるのですね。素晴らしいです。

ところで、メッセージの一つ目は、「慾《よく》ハナク　決シテ瞋《いか》ラズ　イツモシズカニワラッテヰル」です。子どもたちは時として先生の言うことを聞かないことがあります。この時に感情的になって怒ってしまうのはいかがなものでしょうか。そうせずに諭すことが大切です。また、いつも静かに笑っていられるように、普段から心にゆとりを持って児童を愛情を込めて教育する必要があります。

二つ目は、「アラユルコトヲ　ジブンヲカンジョウニ入レズニ　ヨクミキキシワカリ　ソシテワスレズ」です。この中でも特に重要なのは「自分を勘定に入れずに」です。教員は子どもたちへの教育にしても、さまざまな校務にしても、いろいろな判断をする場合が多いです。この時に誰の利益を第一に考えるべきでしょうか。答えは「子どもたち」です。自分を勘定に入れるのは控えなくてはなりません。

三つ目は、「ミンナニデクノボートヨバレ　ホメラレモセズ」です。教員がたとえ優れた授業をしたとしても、子どもたちはそれが当たり前と受け取りますので、教員を褒めることはないでしょう。また、何か問題が起きた時に子どもたちのために東奔西走しても、周りはそれが当たり前と思うことでしょう。したがって、教員は努力の割に褒められることが少ないのです。そのような時に、誰からも褒められないという理由で最善を尽くすのを止めず、良い授業、誠実な対応をやり続けることが大切です。褒められなくても、心がいつも晴れ晴れとしていて、前向きであるようにしてほしいと思います。

このように、「雨ニモマケズ」の詩は受け止め方によって教員の良き心の拠り所になります。3つのメッセージを胸に秘めて教育実習を頑張ってください。教育実習による成長を期待しています。

選択教育実習就任式でのあいさつの要約（2012年2月13日）

深く考える

本校の三つの教育目標の一つは「深く考える子」です。平成23年度の本校の研究のテーマは、まさにこの目標を掲げました。

それでは、「深く考える」とはどういうことでしょうか。私は深く考えるには三つの段階が必要だと考えます。第一段階は、まずは物事を正しく理解することです。事実誤認からスタートしたのでは、それ以降は不毛のものとなります。たとえば、国語であれば正確な読解力、理科であれば正確な観察力が求められます。教師の側に立てば、子どもたちに正確な読解力と正確な観察力を身につけさせる、ということになります。

第二段階は、他人の意見を良く聴くことです。あるいは関連の本を読み他人の考えを知ること、でもよいでしょう。この時大切なのは、聴いた上で、あるいは知った上で、議論をすることです。この議論の際には、相手に敬意を払い、自分の考えを感情を入れずに述べる態度が求められます。議論により、自分の考えが深まり、より普遍化できる考えになります。今日の学校で「議論する力」は重要な教育目標足り得ます。

第三段階は、議論によって深まった知識を基に、自分の考えを持ち、正しく判断することです。この判断ができてこそ、最終的に「深く考える」ことができた、と言えます。ここで言う「深く考える」ことが如何に大切かは、いざという時、たとえば天災や人災が発生した時に、事実に基づかない風評に惑わされずに行動できるかどうかを見れば良くわかります。「深く考える」ことは、「生きる力」を育むことに直結しています。

本校における研究により、小学生が将来「深く考える」大人になるための素地が養われることを期待します。本書にはそのための努力と成果が納められています。多くの方々に読まれることを願うとともに、読者の皆様の率直なご意見とご教示を賜りたいと思います。

最後に、本書の刊行までにご協力いただいた多くの方々に厚くお礼を申し上げます。

東京学芸大学附属小金井小学校研究紀要第34集
「深く考える子――子どもの考えが深まる授業づくり――」
（2012年3月19日発行）より

Our three missions

Good afternoon. It's my great pleasure to welcome all of you to our school. I'm Hidetoshi Iida, the principal of this school. The chair you are sitting now is primarily for a child, but I hope it's big enough for you. If it isn't, I appreciate your patience.

By the way, we have three missions in our school. The first one is to help pupils to think everything deeper and deeper. In other words, we don't compel children to memorize everything, but encourage them to think, examine, argue, discuss, and finally understand everything as deep as possible. I think the math class you've just observed is a typical good example of such kind of classes.

The second mission of our school is to stimulate pupils to acquire mental and physical strength.

The third mission is to encourage every pupil to become a cheerful and thoughtful person.

To accomplish these three missions, we've been making every effort. And accepting you as observers is one of our efforts with joy.

I hope your visit today is fruitful and enjoyable.

Thank you for your attention.

(Welcome address to 44 teachers or researchers
from the USA, England, Singapore, and Australia,
June 29, 2012)

子どもたちに敬意を払う

おはようございます。小学生の皆さん、これから教育実習生の就任式を始めます。教育実習には皆さんの協力がとても大切です。教育実習生の皆さん、皆さんを本校に歓迎します。今日から３週間にわたる実習期間中に、教育実習生がいつも持っているべき大切な心構えを二つ伝えます。

一つ目は、子どもたちに敬意を持って接する、ということです。小学生の皆さん、特に１、２年生の皆さん、敬意という言葉がわかりますか。敬意とは、とても易しく言えば、人を心から大切に思う気持ちのことです。実習生の皆さん、小学生が子どもだからといって、決して低く見てはいけません。心の感じ方は、子どもも大人も同じです。もし低く見ると逆に子どもたちから低く見られます。やがては保護者の方々からも低く見られることでしょう。一方、子どもたちにいつも敬意を持って接すれば、子どもたちの良い所が見えてきます。そして、子どもたちは良い所を伸ばせます。したがって、子どもに敬意を払う気持ちをいつも持っていることは、良い教師の必要条件の一つです。

二つ目は、子どもたちを恐れさせてはいけない、ということです。子どもたちは（大人もそうですが)、不完全です。ですから、いろいろな失敗をします。規則を守れない時もあります。このような時に脅すような強い言葉や態度で注意すれば、子どもたちは一時従順に従うでしょう。大人だってそうします。しかし、それは理解したからではなくてその言葉や態度を恐れたからに過ぎません。その態度がくり返されれば、やがて子どもたちは反発するようになるでしょう。これは教育ではありません。ですから、どのような時にも愛情に満ちたやさしい言葉と態度で子どもたちを注意してください。そうすれば、子どもたちは心から反省し、自ら態度を改めるでしょう。

教育実習生の皆さん、今言った二つの心構えを忘れずに教育実習に一所懸命励んでください。期待しています。小学生の皆さん、教育実習への協力をありがとうございます。よろしくお願いいたします。

2012年9月4日(前期教育実習生就任式)
9月24日(後期教育実習生就任式)

物語性

本校の2012年度の研究テーマは「理解を深め、物語れる力を育む」です。この表記では、一番目に「理解を深め」があり、その次に「物語れる力」がありますので、「理解を深めることによって、物語れるようになる」と受け取る向きもあるかもしれません。しかし、そのようなことばかりでなく、物語ることによって、言い換えれば自分の考えを述べることによって、理解が深まる機会が増えるのではないでしょうか。実際には、考えを述べるにはそれを聴く立場の人がいますので、当然のことながらお互いに聴く力も必要となります。語ることと聴くことを合わせたものが議論です。したがって、議論する力を養うためには、話す力と聴く力が必要です。本校のテーマの一部である「物語れる力」には「聴く力」が含まれていると私は解釈しています。

ところで、「物語る」という日常生活であまり使われない言葉に接して、日本とアメリカの教科書の違いを思い出しました。私の知る高校や大学の理科系の教科書ではっきりわかることですが、日本の教科書では、強いて言えば要点だけが要領良くまとめられています。その代わり、要点の背景やより深い意味はあまり書かれておらず、きちんと理解するには授業中の教員の解説が必要です。

逆に言えば、教員の解説がない限り、生徒は要点を覚えるしかないことになります。我が国の暗記学習に通じます。また、教員の実力が生徒の理解に大きく影響を及ぼします。日本の教科書はあまり物語っていないのです。

一方、アメリカの理科系の教科書は、高校でも大学でもnarrative textbookが主流です。Narrativeという言葉はなじみの薄い人もいるかと思いますが、その名詞形であるnarrationは誰でも知っています。この教科書では、科学の内容が背景、事実、意味について物語のように解説されていますので、生徒が読むだけで理解できるようにできています。したがって、極論すれば教員がいなくても生徒にやる気さえあれば理解できます。この場合、教員の大切な仕事は生徒への動機づけです。アメリカの理科系の教科書は日本の教科書の数倍の厚さになります。

日本の教員は、児童・生徒に動機づけをしつつ、教える内容を物語のように解説しなければなりませんのでたいへんです。その分、やる気のある教員にはやり甲斐のある仕事になります。本校の教員はやる気に満ちています。右記の今年度の研究テーマに沿った取り組みが実を結ぶことを願って止みません。本書にはその取り組みの成果が納められています。多くの方々に読まれることを願うとともに、読者の皆様の率直なご意見とご教示を賜りたいと思います。

最後に、本書の刊行までにご協力くださった多くの方々に厚くお礼を申し上げます。

東京学芸大学附属小金井小学校研究紀要第35集（2013年3月19日発行）より

子どもは大人の言うことは聞かないが大人のすることをする

これから2013年度最初の職員会議を始めます。今年度もよろしくお願いいたします。また、新しく来られた先生方、久しぶりに戻られた先生方、それぞれに気持ちを新たにやる気に満ちていることと思います。

ここにいる皆さんは、皆優れた教員だと私は高く評価しています。ただ、年度の初めですので、ここでごく当りまえのことではありますが、校長の年度始めの言葉として、再確認の意味を込めて二つ述べたいと思います。

一．小学校はどういう所か

小学校は小学生を教育する目的で作られた、公の施設です。そして、この目的を達成するために我々教員が雇用されています。したがって、我々教員は、小学生の教育を公的に行うことによって、生活の糧を得て、教育者として研鑽を積み、キャリアを積んでいくことになります。決してその逆であってはなりません。つまり、教員が自分の個人的な思いを遂げるために、小学生がいて、小学校があるのではありません。この当然のことを、年度始めに改めて心に刻んで、小学生のために働いていただきたいと思います。そして、子どもたちの教育を通して教員としてより一層成長し、より立派な教員になっていただきたいと思います。

二．小学生の手本となる

我々教員も人間ですから完全な人はいません。皆不完全です。お互いに自分の欠点はなかなかわかりませんが、他人の欠点はわかります。教員同士、同僚の不完全さに気づいた時、相手を批判するのではなく、互いに不完全を補い合うように行動して下さい。お互いに不完全さを補い合えば、それだけ良い学校ができます。このような良い姿勢は、皆さんが学級経営をする時に、まさに子どもたちに求めていることではないでしょうか。是非とも子どもたちに良い手本を見せてください。昨年度に、本校でこの手本となる教員間の協力が多く見られたことは、本当にすばらしいことです。

教員同士が互いに敬意を持って協力し合い、にこやかに会話を交わす姿を見せることほど、教育的なことはなく、子どもたちを安心させることはありません。次のような子ども教育の本質をついた言葉があります。すなわち、「子どもは、大人の言うことは聞かないが、大人のすることをする」です。ぜひ、この言葉を忘れないでください。

今年度における皆さんの活躍を大いに期待しています。

２０１３年度最初の職員会議での言葉より（２０１３年４月５日）

子ども教育のプロの技

本校教員の皆さんは子ども教育のプロだ、と私が感心する時があります。今日はその一例を紹介します。

朝礼の時など全校児童が一堂に集まることがあります。その時に、5、6年生はさすがに高学年だけあって、ほとんどおしゃべりをせずにきちんとしています。ところが4年生以下となりますと、かなりおしゃべりが多く、騒がしい時があります。そのような時に、本校教員の皆さんは騒がしい学年を叱るのではなく、「さすが5、6年生はりっぱですね。おしゃべりをせずとてもお行儀がいいです」と5、6年生を褒めます。そうしますと、4年生以下の騒がしい子どもたちは、5、6年生の様子を見て、おしゃべりを止め、自らを正します。

この褒め言葉は一見何気ないようでいて、とても素晴らしい教員の技だと思います。私は初めてこれら一連の様子を見た時、その素晴らしさに気づきませんでした。たった数秒間の出来事だからです。しかし、二度、三度と見ているうちにその素晴らしさにはっきり気づきました。すなわち、子どもたちが騒がしい時、一般的に教員はややもすると騒がしさに気を取られて騒がしくしている子どもたちを叱りがちです。この時、子どもたちは、「叱られたから」行儀良くします。一方、教員が5、6年生を褒めた時、騒がしくしている子どもたちは、まず5、6年生のりっぱな態度に気づきます。その上で、自分はどのようにすればよいか考えて自分の行動を自分で正します。つまり、5、6年生を褒めた時には、騒がしくしている子どもたちはこの場面ではどのように行動すればよいかを自分の頭で考え判断をします。この「自分の頭で考える」という機会を与えるのは、教育上大きな意味があります。本校教員が子ども教育のプロだと私が感心するひとこまです。

２０１３年5月2日の職員会議の冒頭あいさつより

子どもたちは教員の何を見ているのか

こんにちは。本日の教育実習生就任式に当り、実習生の皆さんを本校に歓迎いたします。私は、3ヶ月前の本校教員との対面式において、皆さんに教育実習をする上での大切な心構えをお話しました。その内容を覚えていますか。

その内容は次のようなものでした。教育実習では皆さんも授業をします。また、学校生活のいろいろな場面で子どもたちと一緒に過ごします。そのような場面場面で、子どもたちは教員の何を見て評価していると思いますか。授業がうまいこと、学級の運営がうまいこと、これらは言うまでもなくとても重要です。しかし、子どもたちは、受けている授業しか知りませんので、たとえ良い授業をしたとしても、それは当たり前のことと思うでしょう。教員という職業は子どもたちからほめられない職業なのです。また、それで良いのです。

子どもたちが一番気にするのは先生の人柄です。この先生はやさしいかそれとも怒りっぽいか、この先生は思いやりがあるかそれとも冷たいか、この先生は朗らかか、この先生は自分の話をきちんと聞いてくれるかなどを子どもたちは無意識のうちに的確に判断しています。一言で言えば、子どもたちは教員の人柄を見ているのです。

ですから、これから教員になろうとする今も、そして教員なった後も、常に良い人柄の人間でいなければなりません。

では、どうしたら子どもたちから見て良い人柄の先生になれるでしょうか。それは、どの子どもにもどの場面でも敬意を持って接することです。子どもですから、失敗もあります、教員の期待どおりにできないこともあります。そのような時でも、苛立たず、子どもを決して低く見ず、敬意を持って接すれば、子どもは素直に注意を受け入れるでしょう。教員を嫌いになることはありません。敬意は、やさしさ、思いやり、笑顔に通じます。

小学生の皆さん、教育実習がうまくいくには皆さんの協力が大切です。どうかよろしくお願いいたします。そして本校教員の皆さん、実習生の指導はたいへんだと思いますが、よろしくお願いいたします。最後に、教育実習生の皆さん、本校教員の良いところを学びつつ、今私が言ったことを忘れずに実習に励んでください。そして教員になった後も忘れないでください。

２０１３年9月3日（前期教育実習性就任式）
24日（後期教育実習生就任式）

クラスのどのような子どもたちに指導基準を合わせますか

こんにちは。教育実習生の皆さん、３週間の実習ご苦労様でした。小学生の皆さん、３週間もの間、教育実習に協力してくれてありがとうございました。皆さんの良い協力がありましたので、教育実習が順調に進みました。本校教員の皆さん、大勢の実習生の面倒を見るのはさぞ大変だったことと思います。お疲れ様でした。

さて、教育実習生の皆さん、実際の教育現場で授業を観察し、あるいは自分で授業をしてみて、得ることが多かったのではないでしょうか。一回の授業を行うために、事前に授業の内容と進行を考えつつ指導案を書き、それに基づき授業をするということは、簡単なようでいて結構難しかったのではありませんか。今回の実習で感じたことを、今後の教員となるための勉強に活かしてください。

ただ、教育実習は授業法を学ぶことだけが目的ではありません。学校では授業以外にたくさんの大切な仕事があることを知ったことと思います。その中の一つに、子どもを理解することがあります。この時、集団としての子どもだけでなく、一人一人の子どもを理解することが大切です。一つのクラスにはさまざまな性格の子ども、さまざまな感受性の子どもがいます。したがって、それぞれの子どもに配慮した話しかけ、接し方が求められます。しかし、時としてそれがなされないことがあるようです。学校での子どもと教員の心理に詳しいある心理学者のお話では、子どもの気持ちに配慮しない教員は、ひどい言葉を投げかけられてもダメージを受けない子どもたちの方に指導基準を合わせてしまう傾向にあるので、同じ過ちをくり返えすとのことです。つまり、同じ言葉に恐怖感を持ったり傷つく子どももいることに気づかないのです。本校で教育実習をした皆さんはそのような教員にはならないでください。

そうならないためには、3週間前の教育実習就任式で言いましたように、どの子どもにも敬意を持つことが大切です。すべての子どもたちの気持ちを尊重してください。そのようにして、将来どの子どもからも信頼される教員に是非なってください。期待しています。

2013年10月10日（後期教育実習離任式でのあいさつ）

子どもたちの声

本日は大雪の中、本校の「初等教育研究発表会」にお越しいただきありがとうございました。心からお礼を申し上げますとともに、皆様の教育への情熱に深い敬意を表します。また、本日の研究発表会に協力してくださった本校児童の皆さんと保護者の皆様に、この場をお借りして心からお礼を申し上げます。

今回の本研究発表会のテーマは「理解を深め、物語れる力を育む」です。皆様は、小学生がさまざまな教科で理解を深められるように、いろいろな工夫をしていらっしゃると思います。その工夫の効果が現れたか否かを、皆様はどのように判断していらっしゃるでしょうか。一つのやり方は、テストをすることです。皆様もそれは行っていると思います。でも、テストは一連の授業が終わってからのものですので、自分の授業の修正にはやや手遅れの感があることは否めません。

では、授業中にリアルタイムで授業の工夫が現れたかどうかを知るにはどのようにしたら良いでしょうか。それは、子どもたちに、学んだ内容を物語ってもらうことです。物語るとは、複数の知識、情報を内容に応じて編成し、他人にわかるように話すことです。このような物語りは、一言で言いますと簡単なようでいて、実は大人でもなかなか難しいことではないでしょうか。

本校では数年来この「子どもが物語る」ということを意識して授業を展開して参りました。また、同時にそれを注意深く聴くという態度も大切にしてきました。

では、本校でこの成果が現れているのでしょうか。その答を一番良く知っているのは、校長でもなく、同僚の教員でもなく、他ならぬ子どもたちです。

ここで、最近の本校の子どもたちの声の概要をご紹介したいと思います。その子どもたちは6年生であり、本校で最も長く本校の教育を受けて来た子どもたちです。

まず一人目は、「算数で討論会をした！」という驚きの印象を持った子の話です。「今日の算数はすごかったです。意見をみんながたくさん出し合っていて、すごいなと思いました。みんなで意見を出し合うのはとても楽しく、2時間連続で大変なはずの授業も、楽しく思えました。」

二人目の子の声は次のようなものです。「以前は良く発言する3、4人で授業が進んでいた気がしていたけど、今ではクラス全体で授業を進めている感じで、すごく楽しいです。」

三人目の子の声は次のようなものです。「言う人と聴く人が、伝えよう、聴こうという気持ちを持つことで、より深く入り込める。意見を交換して学ぶのが授業だ。友だちとコミュニケーションをして学ぶというのが、学校の授業と塾の授業の決定的な違いだと思う。」

まだまだ子どもたちの声はありますが、この辺にしておきたいと思います。

これらの声からわかりますのは、子どもたちが物語ることの大切さ、良く聴くことの大切さを、経験を通して学び、それを楽しいと捉えていることです。これらの子どもたちの声から、本校の「理解を深め、物語れる力を育む」という課題が達成されつつある、と前向きに判断することができるかと思います。

ただし、これらの声に満足して終わるのではなく、これからの我々の課題は、本校の取り組みが大学の附属小学校という特殊な枠から離れて、広く公立・私立の小学校の児童にも通用するか、を追究することだと思います。どうか、ここにお集りの皆様にはそれぞれのお立場から、忌憚のないご意見をおっしゃっていただきたいと思います。そしてお互いに立場、経験年数などに捕われず、コミュニケーションを良くして、日本全体の小学校の授業レベルの向上を目指していただきたいとお願いして、私のご挨拶とさせていただきます。

平成25年度「初等教育研究発表会」でのあいさつ（2014年2月8日）

子どもたちに求めることを自分にも求める

教育実習生の皆さん、２週間の選択教育実習をご苦労様でした。小学生の皆さん、教育実習に協力をしていただきありがとうございました。皆さんの協力があったからこそ、今回も教育実習がうまくいったと思います。心から感謝いたします。それから、教育実習生を指導した本校教員の皆さん、お疲れ様でした。

教育実習生の皆さん、今回の教育実習から何を学びましたか。……幾つか重要なことを学んだことと思いますが、この場ではそれを聞く時間はありませんので、各自一つ一つ思い浮かべてください。また、実際に教員になった時、日頃の心掛けとして何が重要だと思いましたか。人それぞれに大切な心掛けがあると思いますが、私はそれらを一言に集約するとすれば「子どもたちに求めることを自分にも求める」だと思います。学校では、子どもたちに将来すばらしい大人になってほしいために、さまざまな要求を出しています。まさにその要求通りに教員も実行したら、きっとすばらしい教員になれると思いませんか。ここにいる教育実習生の皆さんには、実際に教員になってから定年退職するまでこの言葉を忘れずに教育活動に専念していただきたいと思います。

また、教育実習生の皆さんは、小学校の教員は全科を教えることが基本だということも良く理解しておいて下さい。したがって、自分は専門の教科だけに研鑽を積めばよいのだと思い違いをせず、しっかりと全科の勉強を続けてほしいと思います。

以上の二つのことを忘れずに努力すれば、皆さんはきっと立派な小学校教員になれると思います。大いに期待しています。

最後に小学生の皆さん、もう一度お礼の気持ちを伝えたいと思います。教育実習への協力を本当にありがとうございました。また教員の皆さん、実習指導をありがとうございました。

２０１４年2月24日選択教育実習生離任式での挨拶

（解説：選択教育実習とは、中学校と高校の教諭を養成する課程に属している学生が、小学校教諭の免許状も取るための実習です。）

著者略歴

飯田 秀利（いいだ ひでとし）

1951年栃木県に生まれる。栃木県立石橋高等学校、茨城大学理学部生物学科卒業。東京大学大学院理学系研究科生物化学専攻（修士課程）修了。東京都臨床医学総合研究所技術員、ハーバード大学医学部博士研究員、岡崎国立共同研究機構・基礎生物学研究所助手、同助教授、東京学芸大学教育学部生命科学分野助教授、同教授、同名誉教授、現在に至る。同教授就任後、科学技術振興機構・戦略的創造研究推進事業 (JST・CREST) 研究代表者、自然科学研究機構・岡崎統合バイオサイエンスセンター客員教授、米国NASA国際宇宙生命科学実験審査委員、JAXA国際宇宙ステーション内「きぼう」利用科学実験審査委員等を歴任。2010～2014年東京学芸大学附属小金井小学校長を併任。2017年～ 公益財団法人大隅基礎科学創成財団理事。理学博士。

分子生物学者、小学校長になる！——朝礼と学校だよりで伝えたかったこと

2015年3月10日　第1版第1刷　発行
2024年5月31日　第1版第3刷　発行

著　者　飯田 秀利
装　丁　嶽 里永子
発行者　藤井 健志
発行所　東京学芸大学出版会
〒184-8501　東京都小金井市貫井北町4-1-1
東京学芸大学構内
https://www2.u-gakugei.ac.jp/~upress/
[E-mail] upress@u-gakugei.ac.jp
印刷所　小野高速印刷株式会社
Printed in Japan

ISBN 978-4-901665-37-7